Ullstein

DAS BUCH

Die erfahrene Hexe, Parapsychologin und Hohepriesterin Lexa Roséan verrät in diesem amüsanten und leicht zu folgenden Büchlein Zaubermittel für jeden nur erdenklichen Anlaß. Die aus der Geschichte und zahlreichen Legenden verbürgten Ingredienzien, die für die Durchführung des Zaubers benötigt werden, sind einfach und billig: Backpulver, Alufolie, Honig, Tee und anderes mehr sind im Supermarkt um die Ecke erhältlich. Sie erfahren, welche Mittel Ihnen atemberaubende Schönheit verleihen, oder wie Sie mit ganz normalen Eiern negative Gefühle, wie etwa Herzschmerz über den Verflossenen, loswerden können, oder wie Gelbwurz, das Brustbein eines Truthahns, ein Staubwedel und eine Staude reifer Bananen Ihre Flugangst besiegen.

Dieses Buch hat für jede Lebenslage den richtigen Hexentrick.

DIE AUTORIN

Lexa Roséan ist Wicca-Hohepriesterin und organisiert ihren eigenen Hexenzirkel in New York. Außerdem arbeitet sie als Beraterin und Parapsychologin bei *Enchantments*, einem Laden für Weiße Magie in Manhattan. Sie trat bereits mehrmals im Fernsehen auf und lebt in Berlin und New York.

Lexa Roséan

Das Hexen-1x1

75 Zauberrituale für jede Gelegenheit

Aus dem Amerikanischen
von Anneli von Könemann

Ullstein

Ullstein Buchverlage GmbH & Co. KG, Berlin
Taschenbuchnummer: 35939
Die amerikanische Originalausgabe erschien unter dem Titel
The Supermarket Sorceress bei St. Martin's Press

Deutsche Erstausgabe
Dezember 1999

Umschlaggestaltung: Bauer & Möhring

Printed in Germany 1999

Gesamtherstellung: Ebner Ulm

ISBN 3 548 35939 6

Gedruckt auf alterungsbeständigem
Papier mit chlorfrei gebleichtem Zellstoff

Die Deutsche Bibliothek – CIP-Einheitsaufnahme

Roséan, Lexa:
Das Hexen-1x1 / Lexa Roséan.
Aus dem Amerik. von Anneli von Könemann
– Dt. Erstausg. – Berlin : Ullstein
75 Zauberrituale für jede Gelegenheit. – 1999
(Ullstein-Buch ; 35939)
ISBN 3-548-35939-6

Dieses Buch ist in liebevollem Gedenken meiner Mutter gewidmet, Malkah Schatzman, die mich zum ersten Mal in einen Supermarkt mitnahm und in mir den Glauben an Magie geweckt hat.

Anmerkung für die Leserin

Die Zaubersprüche und -mittel enthalten zwar ganz gewöhnliche, frei zugängliche Zutaten, falls Sie jedoch unter Allergien oder Nahrungsmittelunverträglichkeiten einer bestimmten Zutat leiden, sollten Sie auf das Mittel verzichten. Bitte beachten Sie Warnungen und Anweisungen auf den jeweiligen Produkten!

Inhalt

Einleitung

Willkommen in der Welt der Supermarkt-Zauberei. Dieses Buch möchte eine magische Brücke zwischen alter und neuer Zeit schlagen und mächtige Geheimnisse enthüllen, die in anscheinend alltäglichen Produkten verborgen liegen. Magie ist eine Art des Gebets, eine Möglichkeit, die Götter anzurufen. Hexen glauben, daß der göttliche Funke überall, in allen Dingen auf diesem Planeten, zu finden ist. Ihre Energien sind stets gegenwärtig, und sie können sowohl zum Guten wie zum Bösen eingesetzt werden.

So wird zum Beispiel jedes Lebensmittel, ebenso wie die Menschen, von einem Planeten oder astrologischen Zeichen regiert. Einige Nahrungsmittel sind historisch oder magisch mit bestimmten Gottheiten verbunden. Genau diese Kenntnis kann uns leiten, die magischen Eigenschaften aller Lebensmittel für uns zu nutzen. Diese Eigenschaften sind ebenso real wie der Nährwert. So stellt zum Beispiel niemand die Tatsache in Frage, daß Lauch eine Eisenquelle ist, und ebenso haben die alten Soldaten in Wales nicht daran gezweifelt, daß Lauch ihnen Erfolg in der Schlacht bescherte. Alle folgenden Zaubersprüche basieren auf Legenden, überlieferten Sagen sowie historischen und astrologischen Erkenntnissen über diese Produkte. Einige davon sind dabei moderne Entsprechungen für alte und schwer zu findende Lebensmittel.

In den vierzehn Jahren, in denen ich Erfahrungen als Hellseherin, Hexe und Hohepriesterin sammeln konnte, habe ich Menschen aus allen Schichten und Berufen beraten. Eines hatten viele von ihnen gemeinsam: Bewunderung für die Macht der Hexerei. Sie fühlten sich davon angezogen und verspürten gleichzeitig große Furcht, oder sie glaubten, ein Tabu zu brechen oder mit den Mächten des Bösen zu spielen. Diese falsche Auffassung wurde hauptsächlich von den Vätern der Inquisition begründet und wird noch heute von Hollywood fortgesponnen. Laut Charlie Murphy – ein heidnischer Volkskundler – starben in den fünfhundert Jahren der Inquisition neun Millionen europäischer Frauen. Mit Gewalt wollte man die Menschen dazu bringen, die Kirche zu akzeptieren, und die Göttin wurde mit ihren Priesterinnen systematisch dämonisiert.

Interessant ist, daß Shakespeare seine Informationen über Hexen für sein Stück *Macbeth* aus den *Chronicles* von Holinshed bezog, der die drei Wesen, die mit Macbeth sprachen, als die drei Schicksalgöttinnen oder auch wunderschöne Feen oder Nymphen beschrieb. Shakespeare machte aus ihnen häßliche alte Weiber. Aus irgendeinem Grund ging das positive Bild der Göttlichen Weiblichkeit verloren und wurde durch das Bild einer alten, langnasigen Hexe mit spitzem Hut und Warze am Kinn ersetzt. Die moderne Wicca-Bewegung, eine matriarchalische Religion, kämpft verzweifelt gegen dieses Image an. Moderne Hexen werden heute als Heilerinnen und schöne Menschen betrachtet, die nach dem Bild des Gottes und der Göttin erschaffen wurden.

Zaubersprüche und Magie sind ein Geschenk des Wissens, das von Generation zu Generation weitergereicht wird, und zwar von Schamanen, die die Erde verstehen und wissen, wie man sich die Kräuter und Nahrungsmittel zunutze macht, die auf ihr gedeihen. Das bringt mich auf ein weiteres Mißverständnis über Magie und Zaubersprüche: Viele Menschen interessieren sich für Zauber über Gesundheit, Liebe, Geld und Erfolg, glauben jedoch, daß die Zutaten dafür nur schwer zu bekommen sind.

Spart am Werk nicht Fleiß noch Mühe,
Feuer sprühe, Kessel glühe!
Molchesaug' und Unkenzehe
*Hundemaul und Hirn der Krähe.**

O ja, dieser Shakespeare!
Zur Ehrenrettung der alten Hexen muß gesagt werden, daß viele dieser „furchteinflößenderen“ Begriffe ganz einfach Spitznamen für Kräuter und Pflanzen waren. Es besteht Uneinigkeit darüber, ob hier tatsächlich das Auge eines Molches gemeint ist oder aber nur eine bestimmte Sorte von Sumpfbeeren. Hundszunge ist auf jeden Fall ein bekannter Begriff für Wilde Vanille, auch bekannt als Hirschzunge, weil Rotwild ständig auf diesem speziellen Gras herumkaut. Aber Sie brauchen nicht hinaus auf die Wiese, um frische Kräuter zu sammeln. Sie können gemütlich in Ihrem Supermarkt einkaufen gehen. Heutzutage können Sie ein-

* William Shakespeare, *Macbeth,* 4. Aufzug, 1. Szene, Reclam 1997. Übers. Dorothea Tieck

fach zu Vanilleextrakt greifen, wenn das Rezept Hundszunge verlangt. Die Zutaten für alle Rezepte in diesem Buch können Sie ohne Probleme in Ihrem Supermarkt kaufen.
Noch ein Wort zu Ziel und Zweck: Das Credo der Hexen lautet „Tu was du willst und schade niemandem", ähnlich dem christlichen Gebot „Was du nicht willst, daß man dir tu, das füg' auch keinem andern zu." Magie sollte nicht dazu benutzt werden, andere zu manipulieren. Das wäre Schwarze Magie. Am besten sollten wir uns auf uns selbst und unsere Bedürfnisse beschränken. Beispielsweise können wir einen Liebesbann sprechen, damit ein anderer Mensch uns mag (diese Zaubersprüche fallen normalerweise auf uns zurück), oder wir können einen Liebesbann mit dem Ziel sprechen, die Liebe in unser Leben zu holen, und dann darauf vertrauen, daß die Götter uns zu der Person führen werden, die unsere Wünsche erfüllen kann.
Da die Erfahrung mich gelehrt hat, andere nicht mit dem Holzhammer zu ihrem Glück zu zwingen, habe ich auch einige manipulative Sprüche aufgeführt (siehe den Abschnitt über Feinde sowie Treue und Untreue). In diesen Fällen habe ich auch Zauber genannt, die ihnen entgegenwirken oder Sprüche von völlig anderer Wesensart. In dem Kapitel, in dem es um Feinde geht, finden Sie beispielsweise einen Zauber, mit dem Sie Ihren Freind einfrieren können, oder Sie können den Bann dazu nutzen, Ihre eigenen unangenehmen Gefühle loszuwerden. Sie haben die Wahl. Lassen Sie sich von Ihrem Gewissen leiten. Hexerei ist keine Religion mit Regeln und Sünden, Belohnungen und Bestrafungen. Sie ist ein spiritueller Weg, auf dem die göttliche Verbindung in uns allen gesucht wird. In *The*

Charge of the Goddess, einer anonymen Litanei aus dem *Book of Shadows* sagt die Göttin: „Dieses Geheimnis höre: . . . wenn Du nicht in Dir findest, was Du suchst, so wirst Du es niemals finden. Denn siehe, . . . ich bin seit Anbeginn bei Dir, und ich bin es, die am Ende aller Wünsche steht."

Die wahre Macht liegt in Ihnen. Alle Zaubersprüche in diesem Buch sind einfach nur Instrumente, die Ihre eigene Macht unterstützen sollen. Vergessen Sie nicht, Magie gelingt am besten mit Ehrerbietung, Demut und einem gesunden Sinn für Humor! Viel Glück und gute Magie!

Danksagungen

Mein Dank geht an: meine Agentin Sandra Martin, die dieses Buch möglich gemacht hat; meine Lektorin Jennifer Enderlin, für ihre Geduld und ihr Vertrauen in mich; Diane Sinclair für ihren rechtlichen Rat und ihr gekochtes Lamm; Sally Sockwell für ihre Recherchen im Neuen Testament; meine Schwestern Bracha und Randyl, und meinen Vater A. L. Roséan, für Anregungen und Unterstützung. Meine tiefempfundene Liebe und mein aufrichtiger Dank gelten Carol Bulzone und *Enchantments*, Mallory Loehr, Claire Olivia Moed und der Familie Dorjanda.

Mondphasen

Es gibt drei wichtige Mondphasen: Neumond, Vollmond und Mondfinsternis. Sie stimmen überein mit den drei Aspekten der Göttin: Jungfrau, Mutter, altes Weib. Wenn der Mond von Neumond zu Vollmond wechselt, sprechen wir von zunehmen, weil das Licht zunimmt oder voller wird. In dieser Mondphase wird traditionell Magie für Wachstum oder Gewinn ausgeübt. Wechselt der Mond von Neumond zu Mondfinsternis, sprechen wir von abnehmen, weil das Licht weniger wird. Dies ist die richtige Zeit, um uns von unerwünschten Einflüssen zu befreien oder negative Eigenschaften oder Situationen aus unserem Leben zu entfernen. In diesem Buch schlage ich Ihnen für spezielle Zaubersprüche auch die passenden Mondphasen vor. Ein astrologischer Kalender oder Almanach hilft Ihnen, die Mondphasen im Auge zu behalten. Auch die Wettervorhersage in Ihrer Zeitung kann Ihnen dabei helfen. In den meisten Zeitungen findet sich auch eine Liste der Daten für Neu- und Vollmond.

Zauber für Gewichtsabnahme

Die erste Faustregel lautet: Keine Süßigkeiten kaufen! Diese Zaubersprüche sollen den Weg stärken und festigen, den Sie bereits mit der Entscheidung, abnehmen zu wollen, eingeschlagen haben. Der erste Spruch sollte in Verbindung mit einem Diätplan angewandt werden, der Diät und/oder körperliche Bewegung als Mittel zum Gewichtsverlust vorsieht. Der zweite Spruch soll Ihre Entscheidungskraft und Ihren Willen stärken, damit Sie dranbleiben und Ihr gewünschtes Ziel erreichen. Beide Zauber sollten am besten in der Zeit zwischen Vollmond und abnehmendem Mond durchgeführt werden, also in der Zeit der Abnahme. Je kleiner die Sichel wird, um so mehr verlieren Sie an Gewicht.

Zauber mit Kartoffeln

Zutaten: Anissamen oder Lakritz, Kartoffel

Kartoffeln werden vom Mond regiert und sind mit den Eigenschaften Schutz und Mitgefühl ausgestattet. Sie helfen Ihnen, wenn Sie mit sich selbst nicht freundlich umgehen oder allzu verbissen versuchen abzunehmen. Sie wollen doch sicher nicht, daß Ihr Körper bei einer Diät Schaden nimmt. Schälen Sie also

zunächst eine Kartoffel und ritzen Sie in die Oberfläche die Pfundzahl ein, die Sie abnehmen möchten. Geben Sie der Kartoffel dann einen menschlichen Umriß. Diese Kartoffelfiguren sind ein uralter Zauber, bekannt als sympathetische Magie. Schon im Paläolithikum ist sympathetische Magie ein Ritual, wonach ein Eingriff oder ein Zauberbann, anhand einer Figur der betreffenden Person durchgeführt, auch bei der Person selbst die entsprechenden Reaktionen bewirkt. Die Puppe oder Figur wird quasi zu Ihrer Person.
Befestigen Sie eine Ihrer Haarsträhnen auf der Kartoffel. Damit stellen Sie eine magische Verbindung zwischen Ihnen und der Puppe her. Markieren Sie mit einem Messer alle Stellen an der Kartoffel, an denen Sie abnehmen wollen. Geben Sie der Figur mit Anis oder Süßholzsamen einen Mund. (Anis wirkt normalerweise appetithemmend; Sie können auch Anis kauen.) Heben Sie die Kartoffelpuppe auf, bis Sie Ihr Ziel erreicht haben. Außerdem empfehle ich, diesen Zauber wöchentlich zu wiederholen und sich für jede Woche ein neues Ziel zu setzen.

Scharfer Zauber

Zutaten: Pfeffersauce, Staudensellerie oder Karotten, Honig

Nehmen Sie Staudensellerie und lassen Sie ein wenig Honig sowie drei Tropfen Pfeffersauce in seine Mitte tröpfeln. Essen Sie den Sellerie und stellen Sie sich dabei vor, wie diszipliniert Sie mit Essen und Sport umgehen und sich an Ihren Diätplan halten. Stellen Sie sich außerdem vor, wie es ist, satt zu sein und keinen Appetit auf Süßigkeiten zu haben. Je kleiner der Sellerie wird,

um so schlanker erscheinen Sie in Ihrer Vorstellung. Sellerie wirkt abführend und ist gut für Diäten. Honig unterdrückt den Appetit und vermindert das Verlangen nach Süßem. Pfeffer ist ein dominierendes Gewürz und kann Ihnen helfen, Ihr ungesundes Eßverhalten zu kontrollieren. Der scharfe Geschmack von Pfeffer, der vom Planeten Mars regiert wird, kann als milde kontrollierende oder erzwingende Formel benutzt werden.
Essen Sie nicht mehr als drei Stück pro Tag. Sie können auch Karotten verwenden, da sie Ihre Energie stärken, eine Aufgabe auch zu Ende zu bringen. Karotten werden vom Mars regiert, und ihre Farbe repräsentiert die Farbe des Handelns.

Zauber für großartiges Aussehen

Zutaten: Äpfel, Zukkerschoten, Avocado, Kirschen

Erinnern Sie sich noch an Schneewittchen und die Hexe, die es mit einem Apfel vergiften wollte? Glauben Sie nicht alle Märchen, die Sie lesen. Äpfel werden schon lange von Hexen für Zaubersprüche der Liebe, Gesundheit und Schönheit verwendet. Eine Faustregel alter Frauen lautet, daß ein halber Eßlöffel Apfelessig täglich die Jugendlichkeit erhält. Nordische Legenden berichten, daß die Götter und Göttinnen Äpfel essen, um sich ihr gutes Aussehen zu erhalten. Erinnern Sie sich noch an die Prinzessin auf der Erbse? Erbsen, ganz besonders Zuckerschoten, sind der Venus geweiht, der Göttin der Schönheit. Legen Sie eine Erbsenschote unter Ihr Kopfkissen, und Ihr Schönheitsschlaf ist tief und fest. Auch die Avocado ist der Venus geweiht. Sie enthält reichhaltige Öle und wird in zahllosen Schönheitsprodukten zur Verjüngung der Haut benutzt. Kirschen stärken das Selbstvertrauen und bringen Glücksgefühle und sind damit der Schlüssel zu dem angenehmen Gefühl, daß wir uns schön finden.

Schneiden Sie einen Apfel der Länge nach in zwei Hälften. In seiner Mitte sollten Sie einen fünfstrahligen Stern finden. Er ist das magische Symbol der Hexen und stellt die Perfektion der menschlichen Form dar. Die obere Spitze ist der Kopf, die Mitte steht für die beiden Arme, die unteren Spitzen für die Beine. Sehen Sie sich selbst als leuchtenden Stern.

Auch Farbe spielt bei diesem Ritual eine Rolle. Wenn Sie aus romantischen Gründen toll aussehen wollen, nehmen Sie einen roten Apfel. Wenn Sie bei einem Vorstellungsgespräch gut aussehen möchten oder darauf hoffen, daß jemand ganz grün vor Neid auf Sie wird, verwenden Sie einen grünen. Goldene Äpfel sind für Menschen empfehlenswert, die künstlerisch tätig sind oder Eindruck auf die Öffentlichkeit machen wollen. Essen Sie eine Hälfte des Apfels und opfern Sie die andere. Legen Sie sie einfach auf einen Altar oder unter einen Baum.

Schälen Sie jetzt die Avocado. Sie ist im englischen Sprachraum auch unter dem Namen „Alligatorbirne" bekannt. Stellen Sie sich vor, wie all Ihre „alligatorähnlichen" Eigenschaften verschwinden. Der Alligator lebt in dunklen Sumpfgebieten. Lassen Sie alle düsteren und unattraktiven Gedanken über sich selbst frei, und werfen Sie sie mit der Haut der Avocado weg. Schneiden Sie die Frucht in sieben Teile und entfernen Sie den Kern. (Sieben ist die heilige Zahl der Venus.) Pürieren Sie die Frucht, als wollten Sie eine Guacamole herstellen. Benutzen Sie die

Paste als Gesichtsmaske und stellen Sie sich vor, wie Ihre kleinen Fehler verschwinden.

Nehmen Sie jetzt sieben Erbsen in die rechte und sieben Kirschen in die linke Hand und essen Sie sie abwechselnd. Die linke Hand steuert das Unbewußte und die unsichtbare Welt, während die rechte das Bewußte und die sichtbare Welt lenkt. Indem Sie abwechselnd aus der rechten und der linken Hand essen, erschaffen Sie Schönheit sowohl von innen als auch von außen. Dieses Ritual sollten Sie mindestens ein bis drei Tage, bevor Sie Ihren großen Auftritt haben, durchführen.

Zauber für ein langes Leben

Zutaten: getrocknete Aprikosen, Äpfel, Sonnenblumenkerne, Birnen, Oliven, rote Bete

In den Vorgebirgen des Himalaja im Norden Pakistans spielen Hundertzwanzigjährige angeblich mit kleinen Jungen Fußball. Zwei Hauptpfeiler ihrer Ernährung sind getrocknete Aprikosen und Aprikosensaft. Viele Menschen glauben, daß Aprikosen Herzanfälle verhindern können, den Mineralspiegel bei Frauen nach der Menopause anheben und wegen ihres hohen Gehalts an Beta-Karotin auch die Bildung von Krebs verhindern.

Jeder kennt das alte Sprichwort „Täglich ein Apfel, süß und rund – so wirst du alt und bleibst gesund." Es heißt sogar, daß man länger lebt, wenn man nur regelmäßig an Äpfeln schnuppert. Sonnenblumenkerne sind Apollo geweiht, dem Sonnengott, dem die Gabe der Heilung und der Prophezeiung zugesprochen wird. In chinesischen Sagen trägt der Birnenbaum bis zu dreihundert Jahre lang Früchte. Olivenbäume sollen bis zu dreitausend Jahre leben. Die Bibel erwähnt Oliven und Olivenöl als Heilmittel, und bestimmte medizinische Erkenntnisse lassen vermuten, daß die Antioxidantien in Oliven Krebs verhüten können.

Rote Bete werden von Saturn, dem Herrn der Zeit, beherrscht, und schon immer haben die Menschen sie gegessen, um länger und gesünder zu leben. Wenn Sie all diese Lebensmittel ganz einfach in Ihren täglichen Speiseplan einbauen, können Sie durch Ihre Ernährung auf magische Weise Ihre Lebenserwartung verlängern.

„Mögest Du 120 Jahre leben" lautet eine hebräische Segnung. Einhundertundzwanzig ist also eine magische Zahl, die Vollständigkeit und Ganzheit repräsentiert. Zählen Sie 120 Sonnenblumenkerne ab und essen Sie sie bei Sonnenaufgang. Oder bieten Sie sie einer geliebten Person zu deren Geburtstag an. Warten Sie, bis das Geburtstagslied vorbei ist und fügen Sie die Worte „und noch viel mehr" hinzu, während Sie ihr die Kerne in die Hand legen.

Wenn Sie Birnen oder Oliven essen, führen Sie sich vor Augen, wie Sie selbst die Langlebigkeit erfahren, die den Bäumen zugeschrieben wird. Strecken Sie die Arme aus und stellen Sie Ihre Füße fest auf den Boden. Sehen Sie sich als Baum und stellen Sie sich vor, wie Sie die Samen auf den Boden um sich herum fallen lassen. Auf diese Weise können Sie den Segen eines langen Lebens auch auf Ihre Nachkommen übertragen.

Es heißt, daß sich ein Wunsch erfüllt, wenn man einen Apfel abrubbelt und ihn dann ißt. Tupfen Sie ein wenig Oliven- oder Aprikosenöl auf Ihre Handflächen, reiben Sie es in den Apfel ein

und wünschen Sie sich langes Leben. Beißen Sie in den Apfel und stellen Sie sich vor, wie Sie noch im hohen Alter bei bester Gesundheit sind.
Trinken Sie Rote-Bete- und Apfelsaft und konzentrieren Sie sich dabei darauf, wie die Flüssigkeit durch Ihre Kehle und in Ihren Magen rinnt. Malen Sie sich aus, wie ein kraftvolles rotgoldenes Licht Ihre Aura und jede einzelne Zelle Ihres Körpers mit Lebensenergie erfüllt.

Zauber gegen Schlaflosigkeit

Zutaten: drei Scheiben Truthahnfleisch, Kamillentee oder heiße Milch, Muskat und Oregano

Heiße Milch ist ein altes Hausmittel gegen Schlaflosigkeit. Die darin enthaltene Laktose wirkt beruhigend. Milch enthält, weil sie der Mutter Göttin geweiht ist, die spirituelle Kraft für Trost, Linderung und Nahrung. Truthahn enthält Tryptophan, eine Aminosäure, die Benommenheit hervorruft. Wenn Sie sich ruhelos im Bett hin und her wälzen, stehen Sie auf, gehen Sie in die Küche und bereiten Sie sich einen Mitternachtsimbiß, der Ihre Schlaflosigkeit vertreibt. Drei Scheiben Truthahnfleisch und ein Glas heiße Milch oder Kamillentee dürften ausreichen. Kamillentee beruhigt die Nerven und kann auch schläfrig machen. Muskat stammt ursprünglich aus Indonesien. Man glaubte, daß seine medizinischen und magischen Eigenschaften denen von Opiaten oder Peyote glichen. Die Schamanen der Indianer aßen Peyote, bevor sie sich aufmachten, ihre Visionen zu erforschen. Die Droge verursachte Übelkeit und danach Halluzinationen und Wohlgefühl und versetzte die Indianer schließlich in einen traum- und tranceähnlichen Zustand. Auch der Genuß von zuviel Muskat kann zu Erbrechen führen. Streuen Sie nur ein wenig davon auf Ihre heiße Milch. Legen Sie sich anschließend ins Bett und lassen Sie sich von der sanften Wirkung der Muskatnuß in die Welt der heiligen Träume führen. Geben Sie sich den magischen Bildern hinter Ihren geschlossenen Lidern hin.

Falls Alpträume der Grund für Ihre Schlaflosigkeit sind, sollten Sie eine ganze Muskatnuß mit ein wenig Oregano unter Ihr Kopfkissen legen, damit Sie friedlich träumen können. Das Wort *Oregano* bedeutete ursprünglich Berg der Helligkeit oder Freude. Dieses schmackhafte Gewürz ist Merkur und Neptun geweiht, für Schutz und einen ruhigen, meditativen, träumerischen Zustand. Die Kombination von Muskatnuß und Oregano hilft auch dem widerstandsfähigsten Geist, loszulassen und ins Land der Träume davonzusegeln.

Zauber, mit dessen Hilfe Sie das Rauchen oder andere schlechte Angewohnheiten aufgeben können

Zutaten: Zahnseide, Gewürznelken, Kaffeebohnen, Pfeffer

Gewürznelken werden für Glück und Einfluß verwendet, Kaffee stärkt die positive Einstellung zur Arbeit. Eine Kombination der beiden ergibt ein mildes Mittel, das Sie auf den rechten Weg führt. Fügen Sie noch ein wenig Pfeffer hinzu, und Sie haben ein wahrhaft unfehlbares Mittel zur Hand. Sie können selbst entscheiden, ob Sie nur einen Klaps auf die Hand brauchen oder einen kräftigen Schlag auf den Kopf, um mit Ihrer schlechten Angewohnheit aufzuhören. Nehmen Sie ein leeres Marmeladenglas und füllen Sie es zur Hälfte mit Kaffeebohnen. Fügen Sie drei Gewürznelken hinzu (und vielleicht eine Prise Pfeffer). Schütteln Sie das Glas jedesmal, wenn Sie den Drang nach einer Zigarette verspüren. Sie können auch ein paar Zigarettenkippen in das Glas geben (oder ein Stückchen der Substanz, von der Sie nicht lassen können). Haben Sie das Glas immer in Reichweite und schütteln Sie es, sobald Sie merken, daß Ihre Willenskraft Sie verläßt.

Eine weitere Methode wäre ein Bindezauber. Binden ist eine uralte Methode der Magie, mit der Hexen dem Einfluß oder der Macht einer Sache Einhalt gebieten. Sie können ihn auch verwenden, um Kontrolle über eine Person, Substanz oder Situation zu bekommen. Hexen benutzen Schnüre dafür, doch wir nehmen als Ersatz Zahnseide, da sie den Zweck hat, schädliche Bakterien aus unserem Mund zu entfernen. Wir geben der Zahnseide die Macht, Zigaretten aus unserem Mund zu entfernen so wie sie den Zahnbelag von unseren Zähnen beseitigt.

Zahnseide hat außerdem weitere magische Komponenten, die den Spruch noch wirkungsvoller machen. Nehmen Sie gewachste Zahnseide mit Mintgeschmack. Wachs ist ein geheiligtes Instrument für Hexen, aus dem Kerzen und magische Siegel geformt wurden. Eine Versiegelung mit Wachs bedeutet immer, einen Bann zu stärken. Pfefferminz wird zur Reinigung und Heilung verwendet sowie zur Beeinflussung unserer Gedanken. Alle diese Eigenschaften unterstützen unseren Zauber. Nehmen

Sie einfach neun Fuß* Zahnseide. (Die Neun repräsentiert Vollendung und kann benutzt werden, um eine Sache zu beenden.) Wickeln Sie sie vorsichtig um eine Zigarette und knüpfen Sie neun Knoten. Wiederholen Sie bei jedem Knoten den folgenden Gesang:

Ich binde dich mit dem Kreis der Neun,
Meine Macht mußt du von nun an scheu'n.
Wirst du mich reizen, so greife ich an
und beuge dich gnadenlos meinem Bann.

Ziehen Sie bei der allerletzten Zeile die Zahnseide ganz fest, bis die Zigarette zerbricht.
Stellen Sie sich vor, wie Sie mit Ihrer Angewohnheit brechen.

Zauber gegen Streß

Zutaten: Ingwer, Zucker, Meersalz, Zitrone, Kardamom, Kamillentee

Es gibt viele Möglichkeiten, sich diesen Zauber zunutze zu machen. Lassen Sie sich ein Bad ein und geben Sie drei Teebeutel mit Kamillentee hinzu, eine ganze Ingwerwurzel, drei Handvoll Zucker, drei Handvoll Salz, einen Teelöffel gemahlenen Kardamom und den Saft einer ganzen Zitrone. Entspannen Sie sich und tauchen Sie tief ins Wasser ein. Sie können sich auch eine Tasse Kamillentee aufbrühen und mit einer Prise Salz, Kardamom und Ingwer würzen. Fügen Sie Zitrone und Zucker hinzu,

* 1 Fuß = 30,48 cm

um den Geschmack zu verbessern und trinken Sie den Tee vor, während oder nach einer stressigen Situation.

Die dritte Zubereitungsart wird in der Massagetherapie verwendet, um die Muskeln zu entspannen. Brühen Sie den Tee wie oben beschrieben auf, doch geben Sie kein Salz hinzu. Füllen Sie ein leeres Mayonnaiseglas mit Meersalz und überbrühen Sie es mit dem Tee. Gut schütteln! Jetzt haben Sie ein Salzpeeling, mit dem Sie bestimmte, von Streß und Verspannungen betroffene Körperregionen einreiben können. Salz wirkt reinigend und entzieht dem Körper negative Gefühle. Salze wurden schon im alten Ägypten für Bäder und Massagen benutzt. Zucker soll Sie an die Süße des Lebens erinnern, Zitrone reinigt und erfrischt. Kardamom entspannt, Ingwer stimuliert den Blutkreislauf und wird im Orient schon lange zu Heilzwecken verwendet. Kardamom und Ingwer werden auch oft bei Liebesritualen eingesetzt. Das Element der Selbstliebe ist unabdingbar, um sich einen streßfreien und gesunden Körper zu erhalten.

Zauber gegen Wintererkältung oder Grippe

Zutaten: Reiniger mit Kiefernextrakt, Zitronen oder Zitronenöl, Apfelessig

Viele Reinigungsprodukte für den Haushalt lassen sich sowohl für magische als auch für praktische Zwecke verwenden. Es ist wichtig, daß Sie an diese zusätzlichen Eigenschaften denken, während Sie sie verwenden. Natürlich liegt das Hauptverkaufsargument darin, daß diese Produkte Ihr Haus tipptopp säubern, so daß sich die Sonne in Ihren Möbeln spiegelt. Aus spiritueller Sicht bringt die Sonne obendrein Wärme und ist der Himmels-

körper für Gesundheit und Wohlergehen. Wenn Sie diese Produkte benutzen, reinigen Sie Ihr Heim also nicht nur auf physischer, sondern auch auf spiritueller Ebene.
Versuchen Sie, die magischen Symbole des Produktes (Name oder Logo) in dieses Ritual einzubinden. Symbole sind die Räder der Magie. Die Absicht ist der Motor der Magie, ihre Antriebskraft. Jedes Produkt, mit dem Sie arbeiten, hält in seinem Namen, seiner Herkunft oder seinem Logo eine bestimmte Kraft bereit. Ihr Vorhaben bestimmt, wo und wie diese Kraft nutzbar wird. Farben sind ebenfalls von großer Bedeutung. Ein gelbes Produkt appelliert an die bereits erwähnten Eigenschaften der Sonne. Grün ist die Farbe des Überflusses und auch der Heilung, während Blau für Frieden und Schutz steht.
Die meisten Desinfektionsmittel enthalten Kiefer und Zitrone. Kiefer wendet Krankheiten ab, Zitrone ist ein ausgezeichnetes Reinigungsmittel und entfernt negative Energie. Apfelessig kann zur innerlichen oder äußeren Reinigung angewendet werden und stärkt das Immunsystem. Bereiten Sie einen Eimer Wasser mit einem Eßlöffel Apfelessig und je einer Kappe Reiniger mit Kieferduft und Zitronenöl vor. Reinigen Sie damit alle Zimmer in Ihrer Wohnung. Sie können auch die Badewanne mit kiefernhaltigem Reiniger säubern und anschließend ein Bad nehmen, das den Saft von zwei Zitronen und zwei Eßlöffel Apfelessig enthält. Oder Sie trinken ein Glas Wasser mit einem Teelöffel Apfelessig oder einem Schuß Zitrone und Honig, um eine Erkältung abzuwehren.

Hindernisse und Feinde

Zauber zur Beseitigung von Hindernissen

Zutaten: Rohrfrei, Plastikfolie, Eierschalen, schwarzer Textmarker, leeres Mayonnaiseglas

Füllen Sie ein Mayonnaiseglas mit zerstoßenem Rohrfrei. Schneiden Sie einen kleinen Schlitz in den Deckel des Glases, durch den Sie das Pulver ausschütten und Worte formen können wie auf einem Geburtstagskuchen. Schreiben Sie das Hindernis, das Ihnen im Wege steht, mit dem Abflußfrei auf ein Schneidbrett (bedecken Sie das Brett vorher zum Schutz mit Plastikfolie). Schütten Sie anschließend den Reiniger ins Spülbecken und stellen Sie sich vor, wie die Rohre frei werden – genauso wird das Hindernis verschwinden.

Denselben Zauber können Sie leicht abgewandelt anwenden, wenn Ihre Spüle eine Vorrichtung zum Müllzerkleinern besitzt. In diesem Falle schreiben Sie das Hindernis mit schwarzer Tinte auf die Innenseite einer weißen Eierschale. Die Farbe Schwarz dient dazu, alles Negative auszumerzen. Schwarz und Weiß sind die mächtigsten Farben der Hexenkunst, die gegen das Böse wirken oder den Weg von Hindernissen befreien. In Voodooritualen gibt es eine besonders heilige Substanz namens Cascarilla. Sie besteht aus zerstoßenen Eierschalen und wird benutzt, um Unglück abzuwenden. Außerdem bietet man sie den Göttern dar, damit sie helfen, den Weg freizumachen. Werfen Sie die Eierschalen in die Müllzerkleinerung und lassen Sie

sie zermahlen. Stellen Sie sich vor, wie das Hindernis, das Ihnen im Wege steht, in tausend Stücke zerspringt. Beten Sie zu den Gottheiten, daß Ihr Weg im Leben frei von Widrigkeiten sein möge.

Ausmerzende Zauber

Zutaten: Eier

Huckel-Puckel saß auf dem Eck,
Huckel-Puckel fiel in den Dreck.
All seine Reiter und auch sein Gewehr
Retteten Huckel-Puckel nicht mehr.[*]

Es kann nicht stimmen, daß das Ei zu Boden gefallen ist und nicht gerettet werden konnte, denn die regenerativen Kräfte von Eiern sind bemerkenswert. Das Ei ist das Symbol für die Lebenskraft. Es ist das heiligste Symbol der Göttin und der Schöpfung und verfügt über große Heilkräfte. Mit Eiern läßt sich großartig Streß lindern. Sie können negative Gefühle absorbieren und emotionale Energie ausschütten. Sie erfüllen diese Aufgabe so wunderbar, daß ich empfehle, Eier niemals ohne Salz zu essen, denn Salz wirkt reinigend. Wenn Sie Ihr Ei salzen, können Sie sicher sein, daß Sie keinerlei negative Energie zu sich nehmen, die das Ei möglicherweise in sich aufgenommen hat. Ganz allgemein gilt, daß Sie niemals Lebensmittel essen sollten, die Sie

* *Humpty-Dumpty* in „Ping, Pang, poch! Englische Kindergedichte, Nachdichtung Heinz Kahlau, Kinderbuchverlag Berlin, 1974

dazu benutzt haben, Blockierungen oder Hindernisse aus dem Weg zu schaffen, denn sonst könnten diese Blockierungen wieder in Ihren Körper eintreten.

Zauber gegen alles Negative

Ein ausgezeichneter Zauber besteht darin, ganz einfach ein Bad zu nehmen und vorsichtig ein Ei mit in die Wanne zu geben, das Sie nicht zerbrechen sollten. Lassen Sie es einfach in der Wanne herumschwimmen und Ihre negative Energie absorbieren, ganz gleich, ob es sich um Leid, Schmerzen, Ängste, Wut, Streß, Sorgen und so weiter handelt. Wenn Sie das Bad beendet haben, lassen Sie zunächst das Wasser ablaufen, bevor Sie das Ei herausnehmen.

Zauber zur Lösung der Astralschnüre des Ex-Geliebten

In meiner langjährigen beratenden Praxis habe ich diesen Zauber immer wieder als sehr nützlich erfahren. Wenn eine Beziehung vorbei ist, müssen auch die emotionalen Überreste entfernt werden. Erst dann haben die Beteiligten keine Probleme mehr, neue Beziehungen einzugehen, denn oft haben sie Schwierigkeiten, obwohl sie schon seit Jahren geschieden oder getrennt sind. Überbleibsel einer Beziehung haben immer wieder negative Auswirkungen. Ein Beispiel: Sie bekommen Schmetterlinge im Bauch, wenn Sie unerwartet Ihrem Ex über den Weg laufen. Sobald Sie sexuellen Kontakt mit einem anderen haben, sind Sie durch Astralschnüre mit ihm verbunden. Diese Bindungen, unsichtbar für das Auge, bleiben immer bestehen, wenn sie nicht bewußt entfernt werden. Ihr Einfluß reicht von leichtem Unbehagen über gelegentliche Träume so weit, daß Sie spüren, wann diese betreffende Person anrufen wird oder sogar regelrechte Angstattacken bekommen, die zu Schlaflosigkeit und Melancholie führen. Außerdem wird Ihnen jede sexuelle Aktivität bewußt, die die Person mit einer anderen Partnerin eingeht. Wenn Sie glauben, daß es Zeit ist, diesen Menschen gehenzulassen, sollten Sie das folgende Rezept befolgen. Stellen Sie sich nackt in Ihr Zimmer, und nehmen Sie ein ganzes rohes Ei mit Raumtemperatur und legen Sie es vorsichtig auf Ihren Scheitel. Bewegen Sie das Ei mit beiden Händen entgegen dem Uhrzeigersinn um Ihren ganzen Körper. Wenn Sie bei Ihren Füßen angelangt sind, reiben Sie die Fußsohlen mit dem Ei ab. Stellen Sie sich bei diesem Ritual die ganze Zeit Ihren Ex-Freund vor. Lassen Sie alle Gedanken, Gefühle, Erinnerungen und Emotionen zu, die an die Oberfläche drängen. Versuchen Sie nicht, diesen Prozeß zu kontrollieren. Wenn Sie lachen wollen, lachen Sie, wenn Sie weinen möchten, weinen Sie. Zensieren Sie nicht Ihre Gefühle. Doch wenn Sie wütend werden, wenn Sie glauben, das Ei zerbrechen zu müssen, tun Sie es nicht. Seien Sie vorsichtig! Das Ei darf vor Beendigung des Rituals nicht entzweigehen.

Entsorgen Sie das Ei am besten in der Toilette (wenn Ihre Installationen das mitmachen). Wenn es zerbricht, ist das in Ordnung, wenn nicht, macht es auch nichts. Oder Sie können es in eine

Papiertüte stecken, die Tüte zusammenknüllen und aus dem Haus bringen. Anschließend sollten Sie ein schönes Salzbad nehmen.

Achtung: Dieser Zauber entfernt die betreffende Person nicht körperlich aus Ihrem Leben. Das ist auch nicht sein Ziel. Der Spruch soll Sie wieder mit Ihrer Mitte in Berührung bringen, einen emotional neutralen Raum erschaffen, damit dieser Mensch bei Ihnen nicht mehr „die richtigen Knöpfe drücken kann".

Ein ausgezeichneter Zauber gegen negative Energien im Haus

Verspüren Sie negative Energien in Ihrem Haus? Hier das Rezept, wie Sie sie entfernen können: Verstecken Sie sieben Eier in den Bereichen, die Ihrer Meinung nach negativ geladen sind. (Achten Sie darauf, daß die Eier nicht im Weg sind!) Lassen Sie sie einen ganzen Mondzyklus lang dort liegen, sammeln Sie die Eier wieder ein und schaffen Sie sie aus dem Haus. Alle negative Energie wird dann verschwunden sein.

Achtung: Falls Sie ein wenig vergeßlich oder nachlässig sind, sollten Sie die Orte notieren, an denen Sie die Eier plaziert haben. Sollten Sie es vergessen oder den Zettel mit der Notiz verlieren, brauchen Sie sich aber keine Sorgen zu machen! Sobald vier Mondzyklen vergangen sind, wird der Geruch von verfaulten Eiern Sie an die richtigen Stellen führen.

Zauber zum Frühlingsfest

Zutaten: ein Dutzend Eier, Lebensmittelfarbe

Der Frühling ist die Jahreszeit der Erneuerung, und das Ei spielt in vielen Frühlingsritualen eine wichtige Rolle. Das jüdische Passahfest sieht Eier als eines von fünf Symbolen auf der Sederschüssel. Bunte Ostereier sind ein traditionelles Symbol zu Ostern. Diese Sitte stammt eigentlich von der alten heidnischen Verehrung der Göttin Eostre oder Astarte ab. Moderne Hexen feiern die Tagundnachtgleiche des Frühlings mit roten Eiern auf ihren Altären als Symbol für das Lebensblut der Mutter Göttin. Außerdem gibt es ein weltliches Eierritual, das ebenfalls zu dieser Zeit (21.–23. März) gefeiert wird. Einmal im Jahr machen es die magnetischen Polaritäten von Erde, Sonne und Mond ungefähr fünfzehn Minuten lang möglich, ein Ei auf den Kopf zu stellen. Versuchen Sie es zu irgendeinem anderen Zeitpunkt, so kann ich Ihnen versichern, daß es nicht funktioniert, das Ei wird einfach zur Seite rollen. Zwar gibt es wissenschaftliche Erklärungen für dieses erstaunliche Phänomen, doch Hexen neigen eher dazu, es als Bestätigung der Annahme zu verstehen, daß die Göttin sich wieder erneuert. So wie der Regenbogen im Alten Testament das Zeichen für das Ende der Flut ist, so kündet das aufrechtstehende Ei vom Ende des Winters und verspricht die Wiedergeburt des Frühlings.

Hier also ein Frühlingsritual, das Erneuerung bringt. Es kann von allen Menschen durchgeführt werden, gleich welcher Glaubensrichtung sie angehören. Nehmen Sie einige hartgekochte Eier und färben Sie sie mit Lebensmittelfarbe. Die Farbe der Eier ist sehr symbolträchtig. Rot steht für Liebe oder für die Ehrung der

Göttin, Grün für Geld oder Fruchtbarkeit, Blau für Frieden und Schutz, Gelb für Glück und Gesundheit, Orange für Erfolg und Kreativität, Lila für Stärke und Kraft. Geben Sie den Eiern Wünsche für sich selbst und für Ihre Lieben mit, indem Sie diese Wünsche vorsichtig auf die äußere Schale schreiben oder das Ei mit beiden Händen festhalten und mit ihrem Geist Ihre Wünsche hineinprojizieren. Als nächstes vergraben Sie die Eier draußen. Dadurch erhalten sie eine spirituelle Inkubationszeit für Ihre Wünsche. Die Eier werden mit den positiven und reproduktiven Kräften der Erde aufgeladen. Lassen Sie sie von einer geliebten Person suchen. Sobald sie gefunden werden, manifestieren sich die Wünsche und werden aus den Eiern geboren, sobald man diese öffnet. Ist jedes Ei gegessen, verankern sich die Wünsche in den einzelnen Personen und können in ihnen wachsen.

Teutonische Stämme, die ungefähr hundert Jahre vor der Geburt Christi gelebt haben, vergruben Eier, um der Erde lebensspendende Kräfte zu geben. Wenn Sie mit Ihrer magischen Energie gerne den Planeten heilen wollen, sollten Sie einige Eier vergraben und dort belassen. Geben Sie der Erde Ihre guten Wünsche mit. Die Farbe Rot ist angemessen, um Mutter Erde zu ehren, während Grün benutzt werden kann, damit unser Planet grün bleibt. Sie können Fruchtbarkeit für die Regenwälder wünschen oder einfach nur für Ihren Garten. Blau dient dem Schutz der Wälder und dem Weltfrieden.

Zauber gegen unerwünschte Gäste

Zutaten: Essig, roter Pfeffer, Waschmittel, Fleckentferner

Hat jemand Ihre Gastfreundschaft überstrapaziert? Waschen Sie seine oder ihre Kleider getrennt von den anderen. Fügen Sie neun Prisen Pfeffer und einen Teelöffel Essig zu einer Tasse Waschpulver. Pfeffer und Essig sind Reizstoffe und werden in magischen Zaubersprüchen gemeinsam benutzt, damit sich andere von uns abwenden. Legenden aus dem Süden besagen, daß Pfeffer und Essig auf Türschwellen verteilt wurden, um andere am Eintreten zu hindern. Verteilen Sie außerdem entgegen dem Uhrzeigersinn Fleckentferner als Bannkreis auf der Wäsche und rufen Sie dabei dreimal: *„Hinaus mit (Name)!"* Innerhalb der folgenden zwei Wochen, in denen die Person die Kleider trägt, dürfte sie abreisen. Falls nicht, sollten Sie den Zauber ohne Seife wiederholen. Dann wird die Person entweder verschwinden oder Sie bitten, ihre Wäsche nicht mehr zu waschen.

Zauber, mit dem Sie einen Menschen aus Ihrem Leben entfernen können

Zutaten: roter Cayennepfeffer, Meersalz, Streichhölzer, eine kleine Kerze, neun Pfennigstücke

Leeren Sie zwei Drittel des Pfeffers aus, und füllen Sie das Glas zu einem Drittel mit Meersalz. Brechen Sie die Köpfe der Streichhölzer ab und geben Sie diese hinzu. Streichholzköpfe enthalten Schwefel, ein magisches Element, mit dem Hexen negative Kräfte zerschmettern.
Meersalz dient der Reinigung, Cayennepfeffer macht es anderen

Menschen schwer, Ihnen Schaden zuzufügen. Schreiben Sie den Namen der Person, die Sie fortwünschen, auf ein kleines Stück Papier. (Falls Sie eine Unterschrift dieser Person haben, wirkt der Zauber noch besser.) Stecken Sie das Papier in das Glas und schließen Sie den Deckel fest zu. Schütteln Sie das Glas neun Tage lang hintereinander so häufig Sie wollen, beginnend mit dem zehnten Tag vor Neumond. Stellen Sie sich vor, wie die betreffende Person sich von Ihnen entfernt. Reiben Sie am neunten Tag den Deckel des Glases mit dem Wachs der Kerze ein. (Hier ist jede Farbe möglich, doch Schwarz wirkt am besten.) Bringen Sie das Glas zu einem Fluß und werfen Sie es hinein. Werfen Sie neun Pfennigstücke über Ihre Schulter und sehen Sie sich nicht um.

Achtung: Wegen des Gesetzes der Wiederkehr (Hexen glauben, daß jede Magie, die sie ausüben, ob gut oder böse, dreifach auf sie zurückfällt), ist es ratsam, sich positive Bilder vorzustellen. Nehmen wir einmal an, Sie verwenden diesen Zauber gegen einen ehemaligen Geliebten, der Sie nicht in Ruhe läßt. Dann sollten Sie sich also nicht vorstellen, daß er von einem LKW überfahren wird, sondern Sie sollten versuchen zu sehen, wie er einen traumhaften neuen Job Tausende von Kilometern entfernt bekommt und nach seinem Umzug die Liebe seines Lebens kennenlernt.

Reinigender Badezauber

Zutaten: Lorbeerblätter, eine Zitrone, Mehl, Meersalz

Dieses Rezept können Sie anwenden, wenn Sie einen Fluch von sich selbst abwenden oder Ihren Ärger loswerden wollen. Es spielt keine Rolle, ob die Quelle der negativen Energie außerhalb oder innerhalb Ihrer Person liegt. Sie können den Zauber auch dazu benutzen, jegliche Art von Hindernis aus Ihrem Weg zu räumen. Geben Sie einfach neun Lorbeerblätter, den Saft einer Zitrone, drei Handvoll Meersalz und eine Prise Mehl in eine volle Badewanne. Drei und neun sind die Zahlen der Vollendung. Sie wollen ja schließlich sichergehen, daß die Reinigung vollständig gelingt.
Lorbeer wird von der Sonne regiert und dient dem Schutz und der Reinigung. Im alten Griechenland kauten die Priesterinnen des Orakels von Delphi Lorbeerblätter, um ihre Sinne für ihre seherischen Fähigkeiten zu öffnen. Kauen Sie ein Lorbeerblatt und meditieren über die Ursache Ihres Problems, während Sie in der Wanne sitzen. Danach sollten die Antworten oder Botschaften auf Sie einströmen. In Rom benutzte man Lorbeer, um das Böse abzuwehren, und auch heute verbrennt oder verteilt man ihn noch bei modernen Exorzismusriten. Im Mittelalter sollte Lorbeer gegen Hexerei schützen. Sie können drei Blatt in Ihrer Tasche bei sich haben, wenn Sie glauben, daß irgend jemand aktiv Magie gegen Sie anwendet. Mehl wird zur Reinigung und Stabilisierung verwendet. Der gemeinsame Einsatz von Zitrone und Salz soll das Böse vertreiben. Bleiben Sie mindestens zehn Minuten lang im Bad sitzen und tauchen Sie dreimal mit dem gesamten Körper unter. Trocknen Sie sich hinterher

nicht mit dem Handtuch ab, sondern lassen Sie Ihren Körper an der Luft trocknen.

Zauber gegen den „Schwarzen Mann“

Zutaten: Quellwasser, Meersalz

Dieser Zauber gehört zu den einfachsten und wirkungsvollsten Mitteln gegen negative Energien in der Nacht, und er wirkt ebenfalls wunderbar gegen Alpträume. Meine Hohepriesterin, Lady Miw, hat ihn mir beigebracht. Viele Kinder und sogar Erwachsene haben Angst im Dunkeln. Es ist geradezu gespenstisch! Die Nacht ist traditionell die Zeit, in der Geister und Dämonen regieren. Im Mittelalter gingen die Menschen des Nachts niemals aus, und zwar aus Angst, sich den Tod zu holen.

Um böse Geister oder schlechte Träume abzuwehren, stellen Sie eine Schale mit frischem Wasser auf Ihren Nachttisch. Geben Sie langsam eine Prise Salz hinzu und sagen Sie dabei: „Mein Hab und Gut von bösen Geistern bleibt verschont, durch die Kraft, die durch mich in diesem Tranke wohnt.“ Insgesamt nehmen Sie drei Prisen Salz und wiederholen dabei jedesmal den Vers. Leeren Sie die Schale am Morgen in die Toilette oder in den Abfluß, und wiederholen Sie diesen Zauber so oft wie nötig.

Zauber zur Austreibung von Dämonen

Austreibung aus Haus und Wohnung

Zutaten: ein neuer Besen oder ein Staubsauger, eine weiße Sabbatkerze, koscheres oder Meersalz, Quellwasser, Lauch

Fegen Sie Ihre gesamte Wohnung entgegen dem Uhrzeigersinn mit dem neuen Besen aus. Öffnen Sie dann die Tür, fegen Sie den Schmutz mit kräftigen Schwüngen nach draußen und rufen Sie dabei: „Ich verbanne dich. Ich verbanne dich. Ich verbanne dich. Fort mit dir!" Stellen Sie sich vor, wie die negativen Kräfte sich auflösen. Wenn Sie einen Staubsauger benutzen, sollten Sie alles entgegen dem Uhrzeigersinn absaugen und dann mit denselben Worten und denselben Bildern im Kopf den Staubbeutel draußen entsorgen.

Nehmen Sie einen Zweig aus dem Herzen des Lauchs und schneiden Sie ihn in zwei Hälften. Stechen Sie in die Mitte der einen Hälfte einen kleinen Schlitz, schieben Sie die andere Hälfte hindurch, so daß sich ein Kreuz bildet, und legen Sie das Kreuz mit drei Prisen Salz in eine Schüssel Quellwasser. Gehen Sie im Uhrzeigersinn durch das ganze Haus und versprengen Sie das Wasser. Das Salzwasser dient der allgemeinen Reinigung, der Lauch stärkt und schützt die Aura Ihres Heims. Im Mittelalter glaubte man, daß Lauch gegen Geister, Dämonen und Donner schützt. Dieser Glaube war zeitweise so stark, daß Karl der Große, der Gründer des Heiligen Römischen Reiches Deutscher Nation, anordnete, daß auf jedem Dach Lauch anzupflanzen sei. Lauch in Form des Kreuzes steht als Symbol für die vier Ecken Ihres Hauses. Damit versiegeln Sie alle vier Richtungen

gegen Dämonen. Gehen Sie wieder im Uhrzeigersinn mit einer brennenden Kerze herum und erleuchten Sie alle dunklen Ecken. Stellen Sie sich dabei einen pulsierenden Schutzkreis aus weißem Licht vor und sagen Sie: „Ich reinige und läutere diesen Ort, entferne alle negativen Kräfte und erflehe das Gute." Um den Erfolg dieses Rituals sicherzustellen, können Sie das Kreuz aus Lauch aufbewahren. Lassen Sie es trocknen und hängen Sie es dann über Ihre Eingangstür.
Sollten Sie Erfahrungen mit Poltergeistern machen, können Sie Lorbeerblätter über alle Türen und Fenster hängen. Schon seit dem Mittelalter wehrt man auf diese Art und Weise Geister und Blitze ab.

Austreibung aus einer Person

Tippen Sie leicht mit dem neuen Besen gegen die besessene Person. Beginnen Sie am Scheitel und gehen Sie in Spiralen und entgegen dem Uhrzeigersinn hinunter bis zu den Füßen. Rasieren oder schneiden Sie die unterste Schicht der Besenstoppeln ab und verbrennen Sie sie. Rufen Sie, während Sie die Person mit dem Besen abtasten, entweder „Hinaus mit dir!" oder „Verschwinde sofort!" Während Sie die Stoppeln verbrennen, rufen Sie: „Ich verbanne dich. Ich verbanne dich. Ich verbanne dich. Fort mit dir!" Geben Sie der betroffenen Person eine Schale mit dampfendem, gesalzenem Lauch. Die Aufnahme von Lauch stärkt den physischen und den Astralleib. Es heißt, daß Menschen mit schwachen geistigen, körperlichen oder spirituellen

Fähigkeiten am leichtesten Opfer von Besessenheit werden. Ziehen Sie im Geiste einen Kreis aus weißem Licht um die betroffene Person und lassen Sie sie leise ein traditionelles Gebet ihres Glaubens oder ein einfaches Gebet mit eigenen Worten aufsagen.
Achtung: Versuchen Sie nicht, einen bösen Geist mit dem Staubsauger aus einem Menschen auszutreiben!

Zauber zur Verwirrung eines Feindes oder Mitbewerbers

Zutaten: Blaubeeren, doppellagige Küchentücher, Wattestäbchen aus Baumwolle

Baumwolle wurde erstmalig in Indien angebaut und nutzbar gemacht. Nach den Eroberungen von Alexander kam die Baumwolle nach Griechenland und später nach Amerika. Die Ernte der ersten, auf dem Feld gepflückten Baumwolle wurde normalerweise von Gebeten begleitet, damit es eine gute Ernte gab. In den Legenden der amerikanischen Sklaven wurde Baumwolle in Zauberformeln für Glück, Liebe, Verständigung und Schutz verwendet. Außerdem glaubte man, daß sie das Böse vertreibt, Abtreibungen verursacht und die Pläne des Feindes durchkreuzen kann. Blaubeeren sind die traditionelle magische Zutat zum Schutz vor Feinden und ihre Abwehr oder Verunsicherung.
Nehmen Sie eine Handvoll Blaubeeren, legen Sie sie in doppellagige Küchentücher und zerstoßen Sie sie mit der Faust zu Brei. Öffnen Sie die Küchentücher und schreiben Sie mit einem Wattestäbchen und dem Brei den Namen Ihres Feindes oder Mitbewerbers rückwärts auf ein weiteres Küchentuch. Werfen Sie das

Tuch in die Luft und lassen Sie es hin und her schweben. Ebenso wird Ihr Feind hin und her geworfen und nicht in der Lage sein, Ihnen auf den Fersen zu bleiben.

Der „Frier deinen Feind ein"-Zauber

Zutaten: ein Eiswürfelbereiter aus Plastik, ein Blatt Papier, Wasser, Zucker oder Honig (nach Wahl)

Dieser Zauber ist nicht gefährlich, solange er nicht mit bösen Absichten durchgeführt wird. Wenn Sie ihn dazu benutzen, den schädlichen Einfluß eines anderen auf Sie zu beenden, wirkt der Zauber positiv. Stellen Sie sich jedoch vor, wie der andere Schaden nimmt, wirkt der Zauber negativ. Das überlasse ich Ihrem eigenen Ermessen.

Möchten Sie sich zwölf Feinde vom Leib halten? Dann kaufen Sie einen blauen Eiswürfelbereiter. Schreiben Sie die Namen Ihrer Gegner auf kleine Zettel und legen Sie jeden in eine Vertiefung des Eiswürfelbereiters. Wenn Sie die Unterschrift Ihrer Feinde zur Hand haben, wirkt dieser Zauber noch besser. Füllen Sie anschließend den Behälter mit Wasser und stellen Sie ihn in den Gefrierschrank. So verhindern Sie, daß die betreffenden Personen etwas gegen Sie unternehmen können. Wenn Sie jemanden gnädig stimmen wollen (vielleicht Ihren Chef oder Ihre Schwiegermutter), fügen Sie einen Tropfen Honig oder eine Prise Zucker dazu.

Eine weitere Version dieses Zaubers: Legen Sie einfach den Mittelfinger Ihrer rechten Hand auf den Kopf für den automatischen Eisbereiter Ihres Kühlschranks. Chanten Sie siebenmal den Namen Ihres Feindes, während das Eis herauskommt. Benutzen

Sie dieses Eis nicht für Getränke oder Speisen, sondern sammeln Sie es in einem Plastikbehälter, bis es geschmolzen ist und frieren Sie es so lange in dem Behälter wieder ein, bis Sie glauben, daß der Zauber seinen Zweck erfüllt hat.

Der „Du fiese Ratte"-Zauber

Zutaten: eine oder mehrere Hauskatzen, Katzentoilette, Katzenstreu

Glaubt man meiner Freundin Cindy Gardner, die mehr Haushaltstips kennt als alle Ratgebertanten von Hausfrauenblättern zusammen, braucht man eigentlich keine Katze, um Mäuse und Ratten loszuwerden. Holen Sie sich einfach ein paar Schaufeln benutzter Katzenstreu von einer Nachbarin und verteilen Sie sie im ganzen Haus. Schon der Geruch wird diesen fiesen Ratten sofort Beine machen! (Unterschätzen Sie niemals die Macht vorsätzlichen Gestanks!)

Legen Sie ein Foto von Ihrem meistgehaßten Feind in ein sauberes Katzenklo, bedecken Sie es mit sauberer Katzenstreu und überlassen Sie das Klo den Katzen. Ersetzen Sie das Bild jedesmal, wenn Sie die Toilette reinigen. Die Wirkung dieses Zaubers ist sehr unangenehm, ganz besonders für den Geruchssinn. Ihr Feind wird jedesmal, wenn er Ihnen über den Weg läuft, den Geruch nach Katzenurin und -fäkalien riechen, ohne zu wissen, woher dieser Gestank kommt. Zwar ist dieser Zauber nicht besonders gefährlich, doch kann er recht tückisch wirken und bei Ihrem Gegner ein leicht neurotisches Verhalten hervorrufen. Zum Beispiel wird er nicht mehr ständig mit der Planung Ihres Endes beschäftigt sein, sondern auf der Suche nach der Quelle des Geruchs immer wieder seine Schuhsohlen überprüfen, baden, neue Deos kaufen und seine Teppiche reinigen lassen. *Achtung: In schweren Fällen treten Übelkeit und Appetitverlust auf, die schließlich zu Tod durch Verhungern führen können. Beachten Sie: Dieser Zauber gilt als Schwarze Magie, wenn die Katzen keine Albinos sind.*

Zauber gegen unangenehme Gefühle

Zutaten: eine Zwiebel

Diesen Bann biete ich als Alternative zu allen anderen Zaubersprüchen gegen Feinde an. Er ist recht wirkungsvoll und wirkt spirituell erneuernd. Stellen Sie sich einfach allein in ein schwach ausgeleuchtetes Zimmer, am besten bei Mondfinsternis, und schälen Sie eine Zwiebel. Zwiebeln werden vom Mars regiert und dazu benutzt, Wut oder negative Gefühle an die Oberfläche zu befördern. Sie öffnen das Herzchakra, deshalb weinen wir auch, wenn wir sie schneiden. In der esoterischen Philosophie ist Wut die Schicht, die Schmerz oder Leid bedeckt, und Leid ist der Schlüssel zu Weisheit und Verständnis. Unser Ego nimmt in vielen Situationen Schaden, so daß wir Rache suchen. Die spirituelle Schwingung der Zwiebel zwingt uns, das Ego freizulegen, und hilft dabei, die Dinge mit anderen Augen zu sehen. Zwiebeln bringen Klarheit und reinigen den emotionalen Körper. Spüren Sie Lage für Lage, wie die Schichten des emotionalen Ballasts von Ihrem Herzen geschält werden. Schälen Sie Haß, Neid, Eifersucht und Schmerz einfach ab. Dieser Zauber ist sehr wirkungsvoll bei Liebesbeziehungen, die sich zu

Haß oder Bitterkeit gewandelt haben. Nachdem Sie diesen Zauber durchgeführt haben, sollten Sie nicht mehr den Wunsch verspüren, es jemandem „heimzuzahlen". Nehmen Sie nach diesem Ritual ein warmes Bad mit drei Handvoll koscherem oder Meersalz, einem Teelöffel Rosenwasser oder süßer Kondensmilch und einer Prise Haferflocken. Diese Zutaten erhalten Ihrem Herzen positive und heilende Schwingungen. Meditieren Sie während des Bades darüber, was Sie daraus lernen können, wenn Sie Ihre negativen Gefühle nicht ausleben.

Sex, Liebe, Beziehungen, Ehe

Ein Liebeszauber zum Valentinstag

Zutaten: zwei Feigenkekse oder frische Feigen, Vanilleextrakt, Keksförmchen

Feigen waren den Liebesgöttinen Aphrodite, Venus, Ishtar oder Astarte geweiht. Es heißt, die Frucht, mit der Eva Adam in Versuchung geführt hat, sei gar kein Apfel, sondern eine Feige gewesen. Im alten Babylonien betrachtete man unter der Herrschaft der Göttin die Frucht als Symbol für die weiblichen Genitalien. Das Zeichen der Feige (eine Faust mit dem Daumen zwischen Zeige- und Mittelfinger) war ein Zeichen für Schutz und Segnung, denn damit rief man die Große Mutter an. Die Feigenhand war sogar so mächtig, daß die mittelalterlichen Kirchenväter sie als obszön schmähten. Je mehr Kirchen die Männer in ganz

Europa auf den Ruinen der Schreine der alten Göttin erbauten, um so mehr wurde die Feigenhand zu einer herabsetzenden Geste, ähnlich dem ausgestreckten Mittelfinger. Daher sind Männer für die Magie der Feigen besonders empfänglich. Nehmen Sie zwei Feigenkekse oder frische Feigen und schneiden Sie daraus zwei perfekte Herzen. Schnitzen Sie Ihre Initialen und die Ihres Liebsten in die Mitte. Vanille soll den Appetit auf die Liebe stimulieren. Lecker! Tupfen Sie ein wenig reines Vanilleextrakt auf Ihren Daumen und fahren Sie mit dem Finger die äußeren Umrisse der Herzen nach, so daß das Innere der Feigen mit Vanille getränkt wird. Füttern Sie sich gegenseitig mit den Feigen und kreuzen Sie dabei Ihre Hände. Dieser Zauber funktioniert am besten nach einem romantischen Abendessen. Die Dessertfeigen sollten Sie in Stimmung bringen, doch sie sind auch der perfekte Imbiß für Ihren Mann während einer Fußballübertragung. Sie brauchen dann vielleicht ein halbes Dutzend Feigen, doch dürften Ihre Bemühungen noch vor der Halbzeit Erfolg haben.

Um das Herz eines Menschen zu gewinnen, schreiben Sie nicht die Initialen dieser Person in die Feigenherzen, sondern Ihre eigenen. Lassen Sie sie trocknen und damit unsichtbar werden und geben Sie die Feigen anschließend der geliebten Person zu essen. Wenn Sie möchten, daß Ihr Geliebter Ihnen treu bleibt, können Sie zwei Korianderkörner zermahlen und zusammen mit dem Vanilleextrakt in die Feigenherzen reiben. Dieser letzte Zauber muß möglicherweise bei jedem Vollmond wiederholt werden.

Liebeszauber mit Yamswurzeln

Zutaten: männliche Yams (Yang), weibliche Yams (Yin)

Männliche Yamswurzeln sind länglich, weibliche rund. Ganz gleich, ob Sie ein Mann oder eine Frau sind, Sie können männliche Yamswurzeln essen, um Ihre Yang-Energie oder weibliche, um Ihre Yin-Energie zu verstärken. Manche Frauen sollten ein wenig mehr aus sich herausgehen, daher sollten sie Yang-Wurzeln essen. Manchen Männern wiederum fehlt der Zugang zu ihren weicheren Zügen, und darum sollten sie Yin-Wurzeln zu sich nehmen. Es ist jedoch auch möglich, daß ein Mann mehr männliche und eine Frau mehr weibliche Energie braucht. Wünschenswert ist in jedem Menschen ein perfektes Gleichgewicht zwischen Yin und Yang. Damit eine Beziehung ausgeglichener und vollständig wird, sollten Sie gemeinsam mit Ihrem Partner beide Arten von Wurzeln essen. Yamswurzeln dienen außerdem der Fruchtbarkeit.

Ehezauber

Zutaten: eine Orange, Quellwasser (kann Ahornsirup ersetzen), Rosenwasser, Muskatnuß, Reis, eine ganze Kokosnuß

Schon seit Jahrhunderten werden Orangen verwendet, um spirituelle und sexuelle Liebe auf eine Person zu ziehen. Es heißt, daß Neroliöl (aus der Blüte der Orange) eines der seltenen Gewürze war, mit denen die Königin von Saba König Salomon verführte. In griechischen Legenden gab Jupiter Juno eine Orange als Hochzeitsgeschenk, und seitdem gilt die Orangenblüte als traditionelle Blume der Braut. Rosenwasser zieht Liebe und Freundschaft an, Quellwasser symbolisiert die Reinheit.

Ahornsirup wird von Jupiter regiert und zieht Liebe und Wohlstand an. Es gibt verschiedene Geschichten darüber, wie der Ahorn zu den Indianern kam. Einige behaupten, er sei ein Geschenk der Götter gewesen, andere sagen, eine Squaw, die zu faul gewesen war, für das Essen Wasser von der Quelle zu holen, habe ihn zufällig entdeckt. Sie hatte einen Baum in der Nähe angezapft, und dieser gab Ahornsirup ab. Als das Essen zu einem klebrigen Brei wurde, rannte die Frau entsetzt davon. Doch ihrem Mann schmeckte es wunderbar, und er suchte sie überall. Als er sie schließlich fand, holte er sie nach Hause und behandelte sie für den Rest ihres Lebens wie eine Königin. (Königswürde ist *kein* Ersatz für Reinheit. Benutzen Sie Quellwasser, wenn es unabdingbar ist, daß die Braut Jungfrau ist. Ansonsten steht Reinheit besser jenen an, die ihr Leben in Keuschheit und Fasten verbringen wollen.) Muskatnuß bringt Vertrauen und Verständnis und hilft bei der Verständigung. Die Sitte, Frischvermählte mit Reis zu bewerfen, stammt aus China. Der Reis sollte dem Paar Glück und Fruchtbarkeit bringen, während man in einigen alten Kulturen als Symbol für die Verbindung der Seelen der Verheirateten Reis aus einer gemeinsamen Schüssel aß. Kokosnüsse sind der heiligen Mondgöttin geweiht, der Herrscherin des Hauses. Sie werden für Rituale benutzt, die der Liebe und Reinigung dienen.

Gießen Sie die Milch einer Kokosnuß aus, stellen Sie sie zur Seite und teilen Sie die Nuß in zwei Hälften. Nehmen Sie die größere Hälfte als Mixbehälter. In der afro-kubanischen Magie betrachtet man die halbe Kokosnuß als heiliges Gefäß. Gießen Sie ein wenig Milch zurück in die Nußhälfte und mischen Sie sie mit Rosen- und Quellwasser (oder einem Fingerhut voll Ahornsirup). Pressen Sie eine Orange aus und fügen Sie den Saft hinzu. Rühren Sie alles mit dem Daumen Ihrer linken Hand siebenmal im Uhrzeigersinn um, geben Sie eine Prise Muskatnuß darüber und stellen Sie sich dabei vor, wie der Mann Ihrer Wahl Ihnen einen Heiratsantrag macht. Falls Ihnen keine bestimmte Person vorschwebt, malen Sie sich aus, wie jemand in Ihr Leben tritt, der genau über die Eigenschaften verfügt, die Sie sich wünschen. Wenn Sie das Gefühl haben, daß Ihr inneres Bild ganz stark ist, werfen Sie drei Handvoll Reis in das Gebräu und rufen dabei „Ich will, ich will, ich will." Schließen Sie die Kokosnuß mit der anderen Hälfte und legen Sie sie unter Ihr Bett. Versprengen Sie am Morgen die Mischung über Ihre Kissen und rufen Sie dabei den Namen des geliebten Menschen. Wiederholen Sie dieses Ritual sieben Nächte lang und führen Sie den Zauber bei jedem Neumond durch, bis Ihr Wunsch sich erfüllt.

Die Kabbala ist eine mystische theosophische Geheimlehre des Judentums. Es handelt sich um eine Ansammlung magischen Wissens, das über Generationen weitergegeben wurde, und enthält unter anderem esoterische Interpretationen der Bibel, basierend auf der Überzeugung, daß jedes Wort und jeder Buchstabe eine okkulte Bedeutung haben. Eine alte kabbalistische Legende erzählt, daß wir von dem Menschen träumen, den wir heiraten werden, wenn wir eine Orange an einem Stück schälen und die Schale bei Vollmond unter unser Kopfkissen legen.

Zaubersprüche für häusliches Glück

Zutaten: Kohl oder Kohlsalat, Lima- oder Kidneybohnen

Kohl segnet eine Ehe und sollte einmal monatlich gegessen werden, vorzugsweise bei Neumond, um die Verbindung zwischen den Partnern zu stärken, dem Paar seinen Schwur erneut bewußt zu machen und häusliche Probleme zu verhindern. Kohl wird vom Mond regiert und kann eine Situation entweder entschärfen oder festigen. Wenn Sie gerne bestimmte Aspekte Ihrer Beziehung verbessern wollen, sollten Sie bei zunehmendem Mond Kohl servieren. Schneiden Sie ihn nicht in Stücke, sondern kochen Sie ihn ganz und zerteilen Sie ihn, sobald die Blätter weich sind. Oder kochen Sie eine dicke Suppe daraus. Auch Suppen werden vom Mond regiert und sollen die Familie schützen. Wenn Sie ein bestimmtes Problem in Ihrer Beziehung ausräumen wollen, zerkleinern Sie den Kohl bei abnehmendem Mond. Stellen Sie sich dabei vor, wie die negative Situation sich bessert oder wie Sie und Ihr Gefährte durch die Hindernisse hindurchpflügen. Bereiten Sie einen Kohlsalat zu, denn das Wenden des Salats ist eine gute magische Handlung, um Unzufriedenheiten auszumerzen. Falls Geld der Grund für Ihre Probleme ist, sollten Sie Grünkohl essen. Im alten Rom wurde Grünkohl zusammen mit einer silbernen Münze gekocht und verzehrt, um den eigenen Wohlstand zu mehren.

Falls Sie bereits ernsthafte häusliche Probleme haben und an eine Scheidung denken, können Sie Lima- oder Kidneybohnen servieren. Diese Bohnen können Spannungen lösen, Streitigkeiten beenden und Paaren dabei helfen, ihre Probleme konstruktiv anzugehen. Der indischen Mythologie zufolge haben alle

Lebensmittel Ayur/vedische (medizinische/spirituelle) Eigenschaften. Lima- und Kidneybohnen haben beide sowohl ein hartes wie ein weiches Wesen. Sie werden verwendet, um das männliche und das weibliche Prinzip auszugleichen und die Intimität zu stärken. Es heißt, daß die Angst zuschlägt, wenn die Liebe blockiert ist. Die Bohnen helfen, die Angst zu lindern und die Kanäle für die Liebe wieder zu öffnen. Die nierenartige Form dieser Bohnen ist von großer Bedeutung. Im Taoismus, einer alten chinesischen Philosophie, werden die Bohnen auch „Wurzel des Lebens" genannt. Alle sexuelle Energie stammt aus den Nieren. Die negativen Emotionen, die mit diesem Organ in Verbindung gebracht werden, sind Angst und Streß, die positive Emotion ist Sanftmütigkeit. Lima- und Kidneybohnen teilen die spirituellen Eigenschaften der Nieren, weil sie sich in der Form ähneln. Essen Sie diese Bohnen, um zur Wurzel Ihrer Probleme vorzudringen.

Es heißt außerdem, daß die Nieren die Länge unseres Lebens bestimmen. Legen Sie nach Augenmaß zwei gleich große Portionen Bohnen auf zwei Teller. Zählen Sie die Bohnen, die auf Ihrem Teller liegen und vergleichen Sie sie mit der Anzahl der Bohnen auf dem Teller Ihres Partners. Sind es gleich viele, werden Sie zusammenbleiben, bis der Tod Sie scheidet. Hat einer von beiden mehr Bohnen, symbolisiert die Differenz die Anzahl der Monate, die Ihnen bleiben, um Ihre Probleme auf konstruktive Art zu lösen, damit Sie zusammenbleiben können.

Cleopatra-Salat-Zauber

Zutaten: Römersalat, Spargel, Tomaten, Zuckerschoten, Palmherzen, gefüllte schwarze Oliven, eine Knoblauchzehe, Radieschen, Orangenblütenwasser oder Rosenwasser oder eine Mandarine

Dieser Salat soll Sie attraktiver machen, Ihre Schönheit beschwören oder jemanden verhexen. Blattsalat war dem ägyptischen phallischen Gott Min, Spargel dem verführerischen römischen Gott Mars geweiht, Tomaten und Zuckerschoten der sinnlichen Venus. Palmherzen, Knoblauch und schwarze Oliven gelten als Aphrodisiaka, Radieschen können die Lust entfachen, jedoch auch vor unerwünschten sexuellen Annäherungsversuchen schützen.

Waschen Sie das Gemüse und denken Sie dabei daran, wie Ihre sexuelle Aura stärker wird. Beim Schneiden des Gemüses sollten Sie sich vorstellen, wie Sie aussehen wollen und was genau Ihre Schönheit ausmachen soll. Sehen Sie sich selbst, wie Sie den Mann oder die Frau Ihrer Wahl erobern. Legen Sie die Zutaten schließlich in eine Holzschüssel, die Sie zuvor mit Knoblauch eingerieben haben. Besprengen Sie das Ganze mit Orangenblüten- oder Rosenwasser oder mit dem Saft einer frischausgepreßten Mandarine. Alle Zutaten sollen die Liebe zu Ihnen führen. Wenn Sie den Salat essen, wird er Ihren animalischen Magnetismus und Ihre Anziehungskraft verstärken. Ißt jemand anders den Salat in Ihrer Gegenwart, wird er Sie unwiderstehlich finden. Gib acht, Cäsar, die Königin vom Nil betört dich mit einem Salat!

Liebeszauber mit Apfel

Zutaten: ein Apfel, ein Schälmesser

„Er liebt mich, sie liebt mich nicht. Sie liebt mich. Er liebt mich nicht." Zupfen Sie nicht den Gänseblümchen die Blütenblätter aus, hier ist eine leichtere Möglichkeit herauszufinden, wie er oder sie fühlt. Schneiden Sie einen Apfel in zwei Hälften und bieten Sie eine Hälfte dem geliebten Menschen an. Wenn er den Apfel annimmt und ißt, wird er bald Ihnen gehören.
Mit einem weiteren alten Apfel-Liebeszauber können Sie die Initialen Ihrer wahren Liebe bestimmen. Drehen Sie den Apfel einfach an seinem Stiel und sagen Sie bei jeder Umdrehung einen Buchstaben des Alphabets, beginnend bei A. Der Buchstabe, den Sie aussprechen, wenn sich der Apfel vom Stiel löst, ist der erste Buchstabe des Namens Ihrer wahren Liebe.

Zauber zur Beendigung einer Beziehung

Zutaten: Aubergine

Auberginen sind Oya geweiht, der Göttin der Yoruba für Friedhöfe und Tod. Ganz allgemein gilt, daß sie wegen ihrer tieflila Farbe allen alten Göttinnen geweiht sind und verwendet werden können, wenn man etwas beenden will. Schnitzen Sie einfach mit dem Messer die Initialen der beiden beteiligten Parteien in die entgegengesetzten Enden der Aubergine. Schneiden Sie sie dann mit einem scharfen Messer in zwei Hälften. Kochen und essen Sie Ihre eigene Hälfte und servieren Sie die andere der Person, die Sie verlassen wollen. Dieser Zauber sollte als Abschlußritual durchgeführt werden. Beide Parteien müssen aus freien Stücken daran teilhaben. Er kann nicht dazu benutzt werden, die Trennung eines fremden Paares herbeizuführen. (Zaubersprüche dieser Art finden Sie im Abschnitt über „Treue und Untreue".)

Zauber zur Vorbeugung gegen sexuelle Belästigung

Zutaten: Mottenkugeln, Zedernspäne, Salbei

Werden Sie im Büro sexuell belästigt? Kampfer läßt unerwünschte Leidenschaft dahinschwinden. Kaufen Sie eine Pakkung Mottenkugeln mit Kampfer und verstecken Sie die Kugeln überall an Ihrem Arbeitsplatz. Damit dürften Sie vor unerwünschten Annäherungsversuchen geschützt sein. Kampfer wird vom Mond regiert. Dabei ist wichtig, daß im Wiccaglauben, der Religion der Hexerei, der Mond als dreifaltige Göttin verehrt wird. Die Jungfrau und ihr jungfräulicher Aspekt werden durch die Farbe Weiß symbolisiert und im Neumond manifestiert, die Mutter und ihr fruchtbarer und sexueller Aspekt entsprechen der Farbe Rot und dem Vollmond, das alte Weib und ihr weiser Aspekt der Farbe Schwarz und der Mondfinsternis. Kampfer ist sowohl der Jungfrau als auch dem alten Weib geweiht, denn er ist weiß und wird schwarz, wenn man ihn verbrennt. Die Zeit zwischen Mondfinsternis und Neumond ehrt sowohl den Krieger als auch die weisen Aspekte des weiblichen Prinzips. Diese Zeit repräsentiert eine Kombination aus Vorpubertät und Menopause der Frau – Aspekte, die in unserer modernen Gesellschaft zum großen Teil unerforscht sind und nicht

gewürdigt werden. Der Gebrauch von Kampfer verstärkt diese Aspekte in einer Frau und lenkt von ihrer Sexualität ab.
Falls Sie aus irgendwelchen Gründen in Ihrem Büro nichts verstecken können, stellen Sie sich einfach zwischen zwei brennende Kerzen, eine weiß und eine schwarz, und nehmen vorsichtig eine Kampferkugel in die hohle Hand. Meditieren Sie oder stellen Sie sich vor, wie Sie an Ihrem Arbeitsplatz gerne behandelt werden möchten. Nach zehn oder fünfzehn Minuten legen Sie die Kugel zur Seite und berühren langsam Ihren Köper mit den Händen, um Ihre Aura zu stärken. Beginnen Sie über dem Kopf und halten Sie ungefähr fünf Zentimeter Abstand von Ihrem Körper. Lassen Sie Ihre Hände nach unten gleiten. Wenn Sie bei den Füßen angekommen sind, heben Sie einen Fuß nach dem anderen und lassen die Hände unter ihnen hindurchgleiten. Dieser Zauber wirkt normalerweise bei Frauen, die sich gerne modisch oder „provokant" kleiden, aber nichts von den Kommentaren der Männer auf der Straße oder im Büro halten.
Zedernspäne und Salbei können ebenfalls helfen, sexuelle Belästigung zu beenden oder zu verhindern. Diese Methode funktioniert sowohl bei Männern als auch bei Frauen. Sie finden Salbei im Gewürzregal Ihres Supermarktes. Gelegentlich gibt es dieses Gewürz auch in der Gemüseabteilung. (Frische Produkte sind stets vorzuziehen.) Zedernspäne finden Sie normalerweise bei den Mottenkugeln. Unter Umständen gibt es auch Katzenstreu aus natürlichen Zedernspänen. Salbei und Zedern können Sie in der Jackentasche mit an den Arbeitsplatz nehmen und dort verstreuen, oder aber Sie verbrennen oder zerdrücken es vor der betreffenden Person. Salbei und Zedern gelten in der Tradition

der Indianer als heilig und werden zur Reinigung benutzt. Werden sie gemeinsam verbrannt, können sie ein Zimmer von negativen oder ungesunden Energien befreien. Falls die Kräuter schön trocken sind, lassen sie sich leicht entzünden. Legen Sie sie in eine kleine, nicht brennbare Schale und zünden Sie sie an. Blasen Sie vorsichtig, bis die Flamme erloschen ist, die Kräuter jedoch weiter glühen. Lassen Sie die Schale von Kopf bis Fuß um Ihren Körper kreisen oder gehen Sie im Uhrzeigersinn im Kreis herum. Schon bald dürften Sie bemerken, daß die Menschen Sie entweder anders behandeln oder aber sich an dem Ort, an dem Sie die Kräuter zerdrückt haben, anders verhalten.

Treue und Untreue

Zauber gegen unerwartete Gäste

Mary hatt' ein kleines Lamm,
sein Fell wie Schnee so weiß.
Ganz gleich, wohin auch Mary ging,
Das Lämmchen war nicht weit.

Zutaten: zwei Lammkoteletts, Rosmarin und Salbei

Sie verstehen, was ich meine? Rosmarin stellt die Dominanz der Frau im Haus sicher. Er verbessert außerdem das Gedächtnis und verlängert die Ehe. Salbei stellt die Treue sicher, Blumen-

(vorzugsweise frisch), ein Blumenkohl, Olivenöl

kohl ist Nahrung für das Gehirn und wirkt schützend. Er wird vom Mond regiert. Die Mondgöttin ist die Schutzpatronin des Haushalts und aller Angelegenheiten, die mit Ehe, Heim und Kindern zu tun haben. Olivenöl, ganz besonders italienisches, ist der Schmierstoff für Liebespaare.

Nehmen Sie sieben Prisen Rosmarin und drei Prisen Salbei. Zermahlen Sie alles mit Mörser und Stößel und stellen Sie sich dabei vor, wie Ihr eigenes kleines Lamm Ihnen nachgibt. Fügen Sie zwei Teelöffel Olivenöl hinzu und würzen Sie die Lammkoteletts vorsichtig mit dieser Mischung. Grillen Sie das Fleisch in einem Abstand von sechs bis zwölf Zentimetern von der Grillschlange auf jeder Seite drei bis fünf Minuten lang. Achten Sie darauf, daß das Fleisch nicht allzu gut durchgart. Es muß noch saftig sein – Sie wollen ja schließlich nicht den Quell Ihrer Leidenschaft in der Beziehung austrocknen lassen. Servieren Sie das Fleisch in einem Blumenkohlbett, damit Ihr Gefährte Ihnen treu bleibt. Bereiten Sie dieses Essen vor Ihrem Geburtstag oder Hochzeitstag vor, damit er ihn nicht vergißt. Wenn Sie das Verlangen Ihres Geliebten nach Ihnen steigern oder seine Impotenz heilen wollen, können Sie zwei Zehen Knoblauch zu der Gewürzmischung hinzugeben.

Ehebruch leichtgemacht

Zutaten: Wassermelone, Honigmelone, rote Lebensmittelfarbe, Quellwasser

Sie wollen das siebte Gebot brechen? Mit Wassermelonen können Sie einen verheirateten Mann verführen. Essen Sie eine Wassermelone und hegen Sie dabei lustvolle und verführerische

Gedanken. Spucken Sie die Kerne in eine ausgehöhlte Honigmelone, die zur Hälfte mit Zucker, Wasser und roter Lebensmittelfarbe gefüllt ist. Bewahren Sie diese Mischung sieben Tage lang unter Ihrem Bett auf. Legen Sie dem Mann die Kerne bei Vollmond in den Weg, und er wird sicher aus seinen ehelichen Bindungen ausbrechen.

Ehebruch leichtgemacht 2

Zutaten: drei Lebkuchenkerle oder Kekse in Form einer Frau, schwarze Pfefferkörner, Meerrettich, Honig

Ingwer (im Lebkuchen) ist ein scharfes Gewürz und wird vom Mars regiert. In China benutzt man ihn zu Heilzwecken und für sexuelle Leistungsfähigkeit. In der westlichen Magie betrachtet man Ingwer als Kraut, das zu schnellem Glück führt, und man verwendet ihn, um Zaubersprüche zu beschleunigen, die sich mit Anziehungskraft oder Geld befassen. Nehmen Sie zwei Lebkuchenkerle oder Kekse in Form einer Frau. Einer davon symbolisiert die Person, die Sie begehren, der andere stellt seine gegenwärtige Gefährtin dar. Legen Sie die Figuren nebeneinander; der Keks, der die Gefährtin darstellt, sollte mit dem Gesicht nach unten liegen. Legen Sie zwischen den beiden eine Reihe Pfefferkörner aus und lassen Sie dieses Arrangement zwei Tage lang liegen. Bewegen Sie am dritten Tag die Figur, die für Ihren gewünschten Partner steht, ein wenig von seiner Gefährtin fort und legen Sie eine zweite Trennlinie mit geriebenem Meerrettich aus. (Wenn es nicht anders geht, können Sie auch Rettich aus dem Glas benutzen.) Pfeffer und Meerrettich sollen Streit und Trennung hervorrufen. Am vierten Tag legen Sie einen Keks,

der Sie selbst darstellt, auf die andere Seite Ihres begehrten Partners. In den nächsten drei Tagen bewegen Sie den mittleren Keks ganz allmählich immer weiter zu Ihrer Figur hin und von seiner Gefährtin weg. Am siebten Tag sollten Sie und der Mann einander berühren. Gießen Sie großzügig Honig über beide Kekse, damit die beiden zusammenkleben.
Achtung: Sie können auch einen vierten Keks hinzufügen, damit die alte Gefährtin einen neuen Partner findet. Falls Sie merken, daß Sie sich mehr zugemutet haben, als Sie verkraften können, läßt sich dieser Zauber auch ungeschehen machen, indem Sie ihn einfach umkehren.

Zauber, um Ehebruch abzuwehren

Zutaten: Kreuzkümmel, Rhabarberkuchen, Schokolade, zerstoßene Pfefferkörner, schwarze Nylonstrumpfhose mit verstärktem Höschen

Streuen Sie Kreuzkümmel auf das Kopfkissen Ihres Mannes und in seine Schuhe, um ihm angesichts der Versuchung Kraft zu verleihen und ihn davor zu bewahren, daß man ihn verhext. Wenn Sie ihm bei Vollmond Rhabarberkuchen servieren, wehren Sie Untreue ab.
Wissenschaftler (ebenso wie Hexen!) sagen, daß Schokolade dieselben Auswirkungen auf das Gehirn hat wie die Liebe. Pfeffer mit seinem herben Geschmack schließt die Speiseröhre und wirkt wie eine Notbremse. Dieses Gewürz ist Mars in seinem kriegerischen Aspekt geweiht und kann benutzt werden, um andere Menschen zu kontrollieren, aufzuhalten, zu verwirren oder an etwas zu hindern. Wenn Sie einen Teil Schokolade auf fünf Teile Pfeffer mischen, erreichen Sie dieselbe Wirkung wie

eine Ohrfeige, und bringen einen Menschen wieder zu Verstand. Mischen Sie einen Teil Schokolade mit neun Teilen Pfeffer, bewirken Sie einen starken Schock als Strafe für verbotene Gefühle. Wenn Sie die Mischung andersherum ansetzen, können Sie einen Menschen ein wenig kontrollieren und dazu bringen, Ihren sexuellen Launen nachzugeben. Achten Sie bei diesem Zauber auf die richtigen Mengen. Wenn jemand darauf aus ist, Ihre Beziehung zu zerstören, möchten Sie dieser Person sicher die deutliche Botschaft senden, daß sie sich zurückhalten soll.

Erhitzen Sie die Schokolade auf dem Herd. Fügen Sie langsam und sehr bewußt Ihre zerstoßenen Pfefferkröner hinzu und bringen Sie die Mischung zum Kochen. Gießen Sie sie über den Zwickel der Strumpfhose. Die Farbe Schwarz ist sehr mächtig und soll das Böse abwenden. Benutzen Sie eine Strumpfhose mit verstärktem Oberteil, weil sie besonders gut halten soll. Stellen Sie sich die Person vor, die Ihrer Meinung nach auf Ihren Partner aus ist. Nehmen Sie dann die Beine der Strumpfhose und binden Sie einen Knoten, der den Zwickel sozusagen versiegelt. Damit dürften Sie sämtliche Interessentinnen an Ihrem Mann abstoßen. Wiederholen Sie diese Visualisierung neun Tage lang und fügen Sie jeden Tag einen Knoten hinzu, so daß die Strumpfhose am Schluß neun Knoten aufweist. Warten Sie bis zur nächsten Mondfinsternis und vergraben Sie die Strumpfhose, um die Sache ein für allemal zu beenden.

Zauber zur Vergebung von Ehebruch

Zutaten: Haferkekse, Butter, Speck

Das altirische Gesetz – einige Bestimmungen sind mehr als dreitausend Jahre alt – bestand aus einem System von Vorschriften, das mündlich von keltischen Wanderern weitergegeben wurde. Im siebten Jahrhundert wurden die Gesetze in gälischer Sprache niedergeschrieben und zehn Jahrhunderte später von englischen Vorschriften ersetzt. Die meisten alten Manuskripte wurden zerstört, doch glücklicherweise konnten mehrere Abschriften gerettet werden und befinden sich heute unter dem Schutz der Bibliotheken des Trinity College in Dublin und der Universität in Oxford.

Den irischen Gesetzen zufolge bestand die Strafe, wenn eine Henne in einem fremden Garten scharrte, aus „einem Haferkeks plus einer Portion Butter oder Speck". Falls Sie in einem „fremden Garten gescharrt haben", schlage ich den folgenden Zauber vor: Füttern Sie der gehörnten Partei (Ihrem Gefährten) drei Streifen Speck, den Sie selbst im Zustand tiefster Reue oder Erniedrigung gekocht haben. Das Schwein oder der wilde Eber war in den alten Kulturen von Griechenland über den Nahen Osten bis Indien das Symbol des Opfergotts. Der Tod des Erlösers brachte Läuterung und Erneuerung. Sein Fleisch zu essen hieß, mit ihm eins zu werden, vergleichbar mit den Christen, die den Leib Christi in Form der Oblate beim Abendmahl zu sich nehmen. Haferkuchen aß man in Schottland an Beltane, ein Feiertag im Frühling, mit dem das heilige Vereinigungsritual des Gottes und der Göttin gefeiert wurde. Wenn nötig, können Sie auch einen Haferkeks nehmen, doch dürfen Sie nur *ein Stück* servieren. Das

Hauptaugenmerk dieses Rituals liegt in der Heilung und Stärkung der Bindungen einer monogamen Beziehung und in der Erneuerung der Leidenschaft. Ihr Gefährte wird sich nach Genuß dieses Kekses hoffentlich über seine menschlichen Schwächen erheben und sich ein Herz fassen, Ihnen Ihre „Sünde" zu vergeben. Sie können sich obendrein selbst läutern, indem Sie Ihren ganzen Körper mit einem Stück Butter einreiben.

Zauberspruch, der die Treue einer Frau erhält

Zutaten: Plastikfolie, ein Bindfaden, der ein Huhn zusammengehalten hat, vierzig Verschlußklipps aus Draht, ein Fußkettchen aus Diamanten und Gold

(Achtung: Das Fußkettchen ist der einzige Gegenstand in diesem Buch, den Sie nicht im Supermarkt kaufen können. Gehen Sie dafür zu einem guten Juwelier.)

„Damit die Henne nicht wegläuft, binde ihr eine Weidenrute ans Bein", lautet das irische Gesetz. Eine Weidenrute besteht aus verdrehten, biegsamen Trieben, normalerweise aus Stroh. Im Supermarkt finden Sie als guten Ersatz in der Regel Verschlußklipps aus Draht. Einige Kenner behaupten, das Gesetz laute „Damit das Weib zu Hause bleibt, binde ihr eine Henne ans Bein." Hühner finden Sie in der Fleischabteilung Ihres Supermarktes. Natürlich müssen Sie Ihre Frau nicht tatsächlich festbinden, um sie davon abzuhalten, Sie zu verlassen, aber ich schlage vor, Sie „binden" ihren linken Knöchel mit einem Fußkettchen aus Gold und Diamanten. Die Art und Weise, wie sie Ihr Geschenk auspackt, wird Ihnen sagen, wie es in Zukunft mit ihrer Treue aussieht.

Schlagen Sie das Fußkettchen in Plastikfolie ein (die Folie klebt so hübsch an der Kette fest). Befestigen Sie dann vierzig Verschlußklipps wie eine Kordel um den Bindfaden. Vierzig repräsentiert in der Wicca-Religion das perfekte Paar (zwanzig Zehen und zwanzig Finger). Stellen Sie zwei „Kordeln“ mit je zwanzig Klipps her und benutzen Sie die Kordel als Mitte des Zopfs. Knüpfen Sie damit eine Schleife um das Geschenk. Geben Sie Ihrer Frau das Geschenk und achten Sie genau darauf, wie sie es auspackt. Sie muß das Päckchen öffnen, ohne den Bindfaden zu durchtrennen. Das dürfen Sie ihr jedoch nicht sagen. Trennt Sie den Faden durch, ist dies ein Zeichen dafür, daß Treue nicht zu ihren Stärken gehört oder sie sich Ihnen nicht so sehr verpflichtet fühlt. Um den Erfolg dieser Prüfung sicherzustellen, versuchen Sie, einen sehr lockeren Knoten zu knüpfen und sehr viele Schleifen zu bilden. Außerdem muß sie auch die Plastikfolie entfernen, ohne diese zu zerreißen. Zerstört sie sie dennoch, wird sie auch Ihr Herz brechen. Legt sie sich schließlich das Kettchen selbst um, ist sie selbstsüchtig im Bett oder schwer zu befriedigen. Bittet sie Sie jedoch, es ihr umzulegen, können Sie sicher sein, daß Sie Ihr Geld gut angelegt haben und Sie beide noch lange glücklich zusammenleben werden.

Zauberspruch, der die Treue eines Mannes erhält

Zutaten: Orangensaft, Korianderkörner, Streichhölzer, weiße Wachskerze, Schälmesser

Zwar regen Orangen auch Liebe und Ehe an, doch es heißt unter anderem, daß Sie sich reinigen und einen außer Kontrolle geratenen Sexualtrieb dämpfen können, wenn Sie Orangensaft trinken. Geben Sie Ihrem Mann jeden Morgen, bevor er das Haus verläßt, ein Glas gekühlten Saft, und die Wirkung ist dieselbe wie bei einer kalten Dusche. Wenn er zur Tür geht, sollten Sie einige Korianderkörner in seine Hosentaschen stecken, um seine Treue sicherzustellen. Küssen Sie ihn zum Abschied und winken Sie ihm verführerisch hinterher. Nehmen Sie anschließend ein Streichholz, entzünden Sie es an Ihrem Absatz und flüstern Sie dabei: „Sei mir treu." Dann zünden Sie in Ihrem Schlafzimmer eine weiße Wachskerze an, in die Sie mit einem Schälmesser Ihrer beider Initialen geritzt haben.

Zauber, der die Treue auf die Probe stellt

Pickeldi, pickelda, pickeldu,
Meine Herrin verlor ihren Schuh.
Mein Herr verlegte den Fiedelbogen,
Das läßt ihm nun gar keine Ruh.
The Most Cruel and Bloody Murder Committed
by an Innkeeper's Wife (1606)

Zutaten: Cornflakes, Vollmilch, sieben Erdbeeren, eine Banane

Sie lieben ihn, und dennoch möchten Sie ihn am liebsten umbringen. Sie wissen, daß er eine Affäre hat, doch Sie können es nicht beweisen. Wen wird er fallenlassen – Sie oder die andere? Sie wissen es nicht – daher könnten Sie folgendes tun: Wenn Ihr Mann aufsteht und in die Küche geht, stellen Sie eine Schachtel Cornflakes direkt vor ihn auf den Tisch. Er soll sich das Logo auf dem Karton ansehen: ein Hahn, das Symbol für Männlichkeit. Das alte hebräische und arabische Wort für Hahn heißt *sekhvi,* abgeleitet von *sakho,* was soviel bedeutet wie den Morgen kommen „sehen". Es gibt sogar ein Morgengebet, das lautet:

„Gesegnet sei der Eine, der dem Hahn die Fähigkeit gegeben, zwischen Tag und Nacht zu unterscheiden."
Dieser Hahn sollte zu den ersten Dingen gehören, die Ihr Mann am Morgen sieht. Am besten servieren Sie ihm das Frühstück im Bett und zeigen ihm den Hahn, bevor er seinen Kaffee trinkt. Er soll die Augen öffnen und sofort erinnert werden, daß er zwischen Tag/Helligkeit/Gut und Nacht/Dunkelheit/Böse unterscheiden muß. Fragen Sie ihn, wie er geschlafen hat, während Sie ihm Cornflakes in eine Schüssel geben. Schon die Azteken haben den Mais zum Wahrsagen benutzt. Es ist gut, wenn sie Ihrem Mann vor einer Schüssel Cornflakes Fragen stellen. Sagt er die Wahrheit, bleiben die meisten Cornflakes, die oben liegen, unversehrt. Lügt er, zerkrümeln sie. Fragen Sie ihn, ob er sich immer noch mit seiner Sekretärin trifft. Oder vielleicht mit der Frau aus der Wohnung über Ihnen? Schälen Sie eine Banane und sagen Sie, daß es Ihnen lieber wäre, wenn er damit aufhört. Während Sie die Banane in die Schüssel schneiden, erwähnen Sie beiläufig, was Sie in einem Artikel über John Bobbitt gelesen haben, den Mann, dem wegen Untreue von seiner eigenen Frau der Penis abgeschnitten wurde. Lassen Sie ihm einen Augenblick Zeit, diese Worte zu verarbeiten.
Jetzt küssen Sie ihn sanft auf die Stirn und sagen ihm, daß Sie ihn lieben. Dabei lassen Sie sieben Erdbeeren in die Schüssel fallen. Erdbeeren sind der Göttin Erzuli von den Yoruba geweiht. Sie gewährt den Frauen Liebeswünsche und sorgt in der Ehe und zu Hause für die Lösung von Problemen. Außerdem sorgt sie dafür, daß untreue Ehemänner ihre gerechte Strafe erhalten. Schütten Sie ihr im stillen Ihr Herz aus und gießen Sie schließlich die

Milch über Früchte und Cornflakes. Milch ist das Symbol für die Große Mutter, die alles Leben auf Erden gibt und nährt. Sagen Sie Ihrem Mann, er soll an die Kinder denken und bleiben Sie ruhig bei ihm sitzen und beobachten Sie, wie er ißt. Ist das letzte Fruchtstückchen, das er in den Mund stecken will, ein Stück Banane, wird er wanken und abtrünnig werden. Innerhalb eines Jahres wird er Sie für die andere Frau verlassen. Ist es eine Erdbeere, wird er seine Affäre beenden und Ihnen treu bleiben. Liegen beide Früchte zuletzt auf dem Löffel, wird er Sie niemals verlassen und behaupten, Ihnen ewig treu ergeben zu sein, doch wird er Sie weiterhin hinter Ihrem Rücken betrügen. (In diesem Fall würde ich sagen, lassen Sie den Typen sausen!)

Schutz und Segnung des Hauses

Zauber für zuverlässigen Schutz

Zutaten: Bier, Salzbrezeln

Nein, ich scherze nicht! Ein Bad in Bier soll das *malochio,* den Bösen Blick, vertreiben. Füllen Sie die Wanne mit Wasser und fügen Sie einen Viertelliter Bier hinzu. Bleiben Sie mindestens zehn Minuten in der Wanne und verteilen Sie das Wasser mit einem Glas oder einem Pappbecher über Kopf und Arme. Außerdem empfehle ich, mindestens dreimal ganz unterzutauchen. Behalten Sie dabei Ihre Augen offen. Lassen Sie sich anschließend an der Luft trocknen und hüllen Sie sich in ein weißes Handtuch oder einen weißen Frotteemantel. In ihrem Buch *Magia* empfiehlt Draja Mickaharic, jetzt den dreiundzwanzigsten Psalm zu beten. Ich empfehle, daß Sie sich aufs Sofa legen und drei Salzbrezeln essen, und zwar die typisch verschlungenen. Die Form der Brezeln ist schon seit keltischen Zeiten heilig. Sie wirkt schützend und symbolisiert die Geburt der Sonne. Ursprünglich aß man Brezeln zur Wintersonnenwende. Der Kreis stellt die Sonne dar, das verschlungene Kreuz in der Mitte die vier Jahreszeiten. Malen Sie sich die Wärme und das Licht der Sonne um Sie herum aus und verjagen Sie alle negativen und dunklen Gedanken, während Sie die Brezeln essen.

Zauber zum Abwenden des Bösen Blicks

Zutaten: ein ganzer roher Fisch, Meersalz oder koscheres Salz, ein blauer Teller

Fisch ist für seine starken schützenden Eigenschaften bekannt. Weil Fische tief im Wasser leben, sollen sie immun gegen das *malochio* sein, das *eyin harah*, den Bösen Blick. In den meisten matriarchalen Kulturen symbolisierte der Fisch den Leib der Mutter Göttin. Das griechische Worte *delphos* bedeutet sowohl Fisch als auch Leib. Der Leib wird meistens mit Fruchtbarkeit gleichgesetzt, doch ist er auch Ort des Schutzes und der Sicherheit. Später wurde der Fisch das Symbol für Christus, *Ichthus,* ein weiteres griechisches Wort für Fisch, ist tatsächlich ein Akronym für „Jesus Christus, Sohn Gottes, Erlöser".
Nehmen Sie einen frischen Fisch, schneiden Sie die Augen heraus und legen Sie ihn auf einen blauen Teller. Streuen Sie die

Form der Augen mit Salz nach. Halten Sie den Teller mit beiden Händen hoch über Ihren Kopf und lassen Sie die Arme sanft spiralförmig im Uhrzeigersinn kreisen. Stellen Sie sich vor, wie blaue Wasser des Schutzes über Sie hinwegspülen und die Augen des Gottes und der Göttin über Sie wachen. Verbringen Sie mindestens zehn Minuten mit dieser Meditation. Spülen Sie den Inhalt des Tellers mit warmem Wasser ab und stellen Sie sich vor, wie alles Böse durch den Abfluß rinnt. Außerdem gibt es noch die alte hebräische Sitte, zum neuen Jahr Fischköpfe oder Fischaugen zu essen, um Schutz und Wohlstand zu beschwören.

Sabrinas Zauber zum Schutz beim Fliegen

Zutaten: Gelbwurz, Brustbein von einem Truthahn, Staubwedel, eine Staude reife Bananen

Ein alter Hexengrundsatz lautet: Wenn ein Spruch sich reimt, ist er mächtig. Wird ein Reim dreimal wiederholt, wird er sich erfüllen. Gelbwurz ist dem schwingentragenden Merkur geweiht, dem Herrscher der Lüfte. Sie können Gelbwurz auch verwenden, wenn Sie in der Patsche sitzen. Das Wort der Indianer für Truthahn ist dasselbe wie für Adler. Welch besseres magisches Symbol könnte es für dessen anmutigen Flug geben? Staubwedel wiederum erinnern an Schwingen, Vögel, Sicherheit und die Kunst des Fliegens. Der englische Ausdruck „duster" wird auch für ein Flugzeug benutzt, und mit einem Staubwedel – einem „feather duster" – läßt sich fürchterliches Durcheinander beseitigen. Ein Staubwedel kann also helfen, eine Situation zu klären. Sollte es mit dem Flugzeug ein mechanisches Problem geben, sorgt dieser Zauber dafür, daß der Fehler gefunden und beseitigt wird, bevor Sie an Bord gehen. Bananen werden von Mars regiert, dem Gott der Energie, und vom Element Luft. Sie wachsen nach oben, in den Himmel hinein. Zu den magischen Eigenschaften von Bananen gehört das Abwenden negativer Energien, außerdem bringen sie Glück und rufen die spirituellen Kräfte an. Und so lautet der Zauber: Nehmen Sie den Staubwedel und reinigen Sie damit den Boden, heben Sie ihn anschließend in die Luft und lassen Sie ihn sanft wedelnd wieder gen Boden gleiten. Chanten Sie dabei den folgenden Reim:

Um sich'ren und guten Flug ich fleh'
vom Abheben bis zur Landung in spe.
Möge der Gott der Lüfte über mich wachen
und nur den Imbiß gefährlich machen.
Drum pack' ich zur Stärkung eine Banane ein,
oder besser noch, 'ne ganze Staude soll es sein.

Werfen Sie das Brustbein des Truthahns durch die Luft in ein Häufchen gemahlenen Gelbwurz (Kurkuma). Stauben Sie das Brustbein ab, halten Sie es hoch, blasen Sie darauf, reiben Sie es, damit Sie Glück haben, und stecken Sie es in Ihre hintere Hosentasche. Wünschen Sie sich Sicherheit, während Sie Ihren Platz einnehmen und sich anschnallen. Ach ja, und vergessen Sie nicht, die Bananen im Handgepäck mitzunehmen.

Zauber für die Wohnungssuche

Zutaten: Alufolie, Zimt, Salz, Zucker, Brot, Pfennige

Breiten Sie ein Stück Alufolie auf einem Tisch oder Altar aus. Legen Sie einen Laib Brot an eine Seite und bilden Sie mit einem weiteren Stück Alufolie eine Art Dach. Formen Sie mit Salz einen Kreis um das Brot, einen zweiten Kreis mit Zucker. Nehmen Sie fünf Pfennigstücke und stecken Sie sie in den Laib. Stellen Sie sich dabei den Wohnort vor, den Sie sich wünschen, die Art der Wohnung, die Ihnen vorschwebt, den Preis, den Sie zahlen wollen, das Datum, zu dem Sie eingezogen sein müssen, und während Sie den letzten Pfennig ins Brot schieben, malen Sie sich aus, daß Ihr neues Heim sicher und geschützt ist. Am besten beginnen Sie mit diesem Zauber an Neumond und führen ihm bis Vollmond immer weiter Energie zu. Streuen Sie ein wenig Zimt auf das Aludach, um das Glück zu verstärken und schnelle Ergebnisse zu erzielen. Die Folie dient als Magnet, der das Heim, das Sie sich wünschen, anziehen soll.
Beim Umzug in ein neues Heim gibt es den wunderschönen jüdischen Brauch, Brot, Salz und Zucker zu schenken. Das Brot sorgt dafür, daß Sie niemals Hunger leiden müssen, das Salz steht für Schutz und Reinigung, und der Zucker oder die Süßigkeiten sollen Ihr Leben versüßen. Das meiste Glück haben Sie, wenn Sie an einem Dienstag einziehen, und meine Großmutter hat mich gelehrt, daß man immer mit dem rechten Fuß zuerst eintreten sollte! Legen Sie Pfennigstücke (Kopf nach oben) in die Ecken der Zimmer, und Ihr Haus wird stets mit Wohlstand gesegnet sein. Wenn Sie ein neues Haus oder eine Wohnung kaufen wollen, können Sie noch einen dritten Kreis aus

Muscheln hinzufügen. Sie brauchen dafür eine Muschel pro zehntausend Mark, die Sie ausgeben wollen.
Um Eigentum zu verkaufen oder zu vermieten, pulen Sie eine Krabbe aus ihrem Panzer und benutzen diesen als Grundlage für den Zauber. Legen Sie ihn unter das Brot. Beginnen Sie das Ritual ebenfalls damit, Pfennige ins Brot zu schieben, und vollenden Sie es, indem Sie die Pfennige wieder herausziehen und in Ihre rechte Tasche stecken. Stellen Sie sich fünf Dinge vor, die passieren müssen, damit der Handel zustande kommt.
Achtung: Verwenden Sie keine unechte Krabbe, sonst platzt vielleicht der Scheck oder Sie bekommen unerträgliche Mieter, die Ihnen mit ihren gefälschten Empfehlungsschreiben etwas vorgemacht haben.

Haussegnungs-Ritual

Zutaten: ein neuer Besen, Teppichdeodorant mit Blumen- oder Gewürzduft, Raumspray, weiße Wachskerze, Quellwasser

Ein Haus kann ebenso spirituell wie physikalisch gereinigt werden, vorausgesetzt, man benutzt die richtigen Energien und Visualisierungen. Nehmen Sie bei Neumond einen neuen Besen und fegen Sie das ganze Haus entgegen dem Uhrzeigersinn aus. Fegen Sie alle negativen Kräfte durch die Vordertür hinaus. Jetzt sind Sie bereit, Ihr Heim mit positiver Energie zu füllen.
Die Weihung von Raum unter Benutzung der vier Elemente (Erde, Luft, Feuer und Wasser) ist eine uralte Form ritueller Segnung. Hexen benutzen dazu traditionell Salz als Symbol für das Element Erde. Ebenso können Kräuter und Wurzeln verstreut werden. Im alten Persien verteilte man Gewürze auf den Teppi-

chen, um zu mehr Wohlstand zu gelangen. Als moderne Version dieses Rituals kann man jedes Teppichdeo mit Blumen- oder Gewürzduft nehmen. In vierlei Hinsicht ist dies sogar praktischer als Salz. Lassen Sie das Deodorant mindestens vierzig Minuten lang einwirken, bevor Sie den Teppich absaugen. Stellen Sie sich vor, wie die süßen Gewürzdüfte Ihr Haus mit Gesundheit, Reichtum und Liebe erfüllen. Auch das ist Magie, nicht einfach nur ein Duft. Das Element Erde wird Ihr Heim erden und ihm Erdverbundenheit bescheren. Gehen Sie als nächstes im Uhrzeigersinn durch Ihr Haus, und zwar mit Ihrem Lieblingsraumspray, dem Ersatz aus dem Supermarkt für Weihrauch. Das Spray symbolisiert die Luft, die Sie sich süß und klar wünschen. Als drittes kommt das Element Feuer. Nehmen Sie eine weiße Wachskerze, entzünden Sie sie und tragen Sie sie im Uhrzeigersinn durch das Haus, um damit alle dunklen Ecken zu erhellen. Anschließend das Element Wasser. Nehmen Sie eine Schüssel Quellwasser und besprenkeln Sie im Uhrzeigersinn alle vier Ecken. Damit klären Sie das emotionale Leben im Haus und rufen die Liebe an. Zum Schluß fegen Sie noch einmal im Uhrzeigersinn, um den Raum zu versiegeln und die positive Energie, die Sie gerufen haben, einzuschließen.

Zauber zum Abwehren neugieriger Nachbarn

Zutaten: Rotweinessig, Lorbeerblätter, Zimt, Salz, Öff-

Ist Ihre Nachbarin aufdringlich? Hier ist die Lösung des Problems. Setzen Sie eine Mischung aus einer Tasse Rotweinessig, neun Lorbeerblättern, einem Teelöffel Zimt und drei Prisen Salz

nungsschlüssel von einer Sardinenbüchse, kleiner Spiegel

an. Dies ist eine alte Bannformel aus dem *Book of Shadows.* Rühren Sie die Mixtur mit dem Öffnungsschlüssel einer Sardinenbüchse um. Der Schlüssel symbolisiert das Wesen der Beziehung, denn leider bringt es die moderne städtische Architektur mit sich, daß wir dicht gedrängt aufeinander leben wie in einer Sardinenbüchse. Außerdem ist er ein uraltes Instrument, mit dem Hexen magische Energie zu lenken pflegten. Wissen Sie noch, wie Benjamin Franklin den Schlüssel an seinem Lenkdrachen anbrachte, um die Elektrizität des Blitzes abzuleiten? (Franklin war übrigens Freimaurer und bekanntermaßen Mitglied eines geheimen magischen Ordens.) Ein weiteres der acht Instrumente der Hexen war der Athame oder die doppelschneidige Klinge. Sie sollte den Willen symbolisieren. Ein Schlüssel ersetzt häufig noch heute den Athame. Halten Sie den Schlüssel in der rechten Hand und chanten Sie, während Sie das Gebräu umrühren:

Neugieriger Nachbar, misch dich nicht ein.
Kümmere dich um deine eigenen Belange. So soll es sein.

„So soll es sein" ist das Pendant der Hexen zu „Amen" und wird normalerweise am Ende eines Zauberspruchs gesagt, um ihm Macht zu verleihen.
Mit diesem großartigen Spruch können Sie Klatsch und Tratsch beenden oder sogar üble Nachrede. Stellen Sie den Spiegel in eine Ecke eines Fensters oder Ihrer Eingangstür. Falls Sie einen verspiegelten Spion in der Tür haben, sollten Sie die Mixtur reichlich darüberspritzen. Spiegel wehren negative Energien ab

und sorgen dafür, daß andere sich nur noch um ihre eigenen Belange kümmern.

Der Zauber für den „American Way of Life"

Zutaten: frischer oder getrockneter Mais, Popcorn

Mais bringt Wohlstand ins Haus. Wenn Sie getrockneten Mais vor das Haus hängen, ziehen Sie den Reichtum an. Essen Sie bei Vollmond Mais, und Ihr Einkommen wird steigen. Rufen Sie während der Zubereitung von Popcorn einen Wunsch oder eine Segnung, die Sie in Ihrem Leben erfahren möchten, sobald Sie ein Maiskorn poppen hören. Dieses Ritual ist wunderbar für die gesamte Familie geeignet. Ganz besonders hilft es Kindern, das Positive zu verstärken und keine Angst zu haben, im Leben den Weg zu gehen, den sie selbst sich wünschen.

Haussegnung der Indianer oder Wie man einen heiligen Ort erschafft

Zutaten: Maisstärke oder getrockneter Mais, Bohnen, Kürbis

Mais, Bohnen und Kürbis gelten bei den Irokesen als drei lebenserhaltende Schwestern. Um Ihr Heim zu segnen, stellen Sie einfach eine große Schüssel mit getrocknetem Mais, getrockneten Bohnen und Kürbiskernen auf Ihren Eßtisch. Diese Segnung wirkt am besten im September, dem Monat der Ernte. Sie können diese Nahrungsmittel auch frisch servieren, um Ihre Familie zu segnen.

Um ein neues Heim zu segnen oder zu weihen, rösten Sie einige

Kürbiskerne und mischen Sie in einer Schüssel unter getrockneten Mais und getrocknete Bohnen. Verteilen Sie die Mischung in allen Ecken der Behausung. Statt Maiskörnern können Sie auch Maisstärke verwenden. Mehl wird oft zur Weihung verteilt; Maisstärke besitzt die doppelte Verdickungskraft von Mehl. Während Sie die Mischung verteilen, stellen Sie sich vor, wie sich der Raum mit positiver Energie, Schutz und Wohlstand erfüllt.

Magie der Küchenhexe

Zutaten: ein Zopf Knoblauch, Zwiebeln oder Paprika, Küchennatron, Lorbeerblätter, Besen

Die Feuerstelle ist von alters her der heiligste Ort des Hauses. Dort wurde gekocht, sie war das Zentrum des Hauses und allen Göttern und Göttinnen des Haushalts geweiht. Falls Sie das Glück haben, noch einen Herd zu besitzen, der mit Holz befeuert wird, können Sie seine Bedeutung als Versammlungsort sicher ermessen – er ist der wärmste Platz in der Wohnung. Selbst wenn Sie einen Kamin haben, ist doch die Küche immer noch die Feuerstelle des modernen Heims. Früher war es Sitte, einen Besen neben die Feuerstelle zu hängen, um sie zu segnen und zu schützen. Wenn Sie einen Besen in der Küche aufbewahren, wird sie mit Energie erfüllt und bleibt stets sauber.
Ein Zopf Knoblauch, Zwiebeln oder getrocknete Paprika in der Küche verhüten Unfälle und Lebensmittelvergiftungen und absorbieren sämtliche negative Energie. Essen Sie kein Gemüse, das Sie zu Schutzzwecken verwendet haben. Legen Sie eine Zwiebel auf die Fensterbank, und auch sie wird negative Ener-

gien absorbieren. Sie sollten sie alle paar Monate ersetzen. Eine offene Schachtel mit Küchennatron im Kühlschrank reinigt diesen von negativer Energie und saugt außerdem unangenehme Gerüche auf. Küchennatron wird nicht nur in Laboren benutzt, um Säuren zu neutralisieren, sondern kann ebenso in magischen Zaubersprüchen negative Energie ausgleichen. Lorbeerblätter in der Suppe schützen die Familie, im Schrank vertreiben sie nicht nur das Böse, sondern auf ganz natürliche Weise auch Küchenschaben.

Ich weiß noch, daß es in den siebziger Jahren sehr beliebt war, eine Küchenhexe über die Spüle oder den Ofen zu hängen. Meine Mutter und meine Tanten schenkten sich gegenseitig diese kleinen Puppen mit spitzen Hüten auf einem Besen. Der kleine Besen besteht normalerweise aus geweihtem Holz wie Heide oder Zimtbaum oder Sandelholz. Die korrekt hergestellte Puppe ist mit süß duftenden Gewürzen gefüllt. Die Hexe in der Küche war heiß begehrt, denn ihr Einfluß brachte Glück und Schutz für den wichtigsten Raum des Hauses.

Zauber für die Sicherheit des Hauses

Zutaten: Eimer warmes Wasser, zwei Teelöffel Essig, schwarzer Pfeffer, Salz, Oregano, Salmiakgeist, blauer

Wenn Sie Ihr Haus vor Einbrechern schützen wollen, füllen Sie einen Eimer mit warmem Wasser und fügen Sie zwei Teelöffel Essig, drei Prisen schwarzen Pfeffer, drei Prisen Salz und einen Tropfen Salmiakgeist hinzu. Die Mischung dieser Zutaten dient zur Abwehr des Bösen und zum Schutz. Werfen Sie noch eine Handvoll Oregano in die Lösung, um Ihren Seelenfrieden zu

oder weißer Schwamm

sichern. Putzen Sie von außen Ihre Fenster und wischen Sie alle Türklinken damit ab. Zum Schluß sollten Sie das Wasser auf Ihrer Vorderveranda ausgießen und auch unter der Fußmatte damit wischen. Falls Sie in einer Wohnung leben, in deren Fluren Teppichböden liegt, verteilen Sie das Wasser einfach vor der Tür oder füllen es in eine Spraydose und versprühen es draußen.

Zauber für die Sicherheit des Autos

Zutaten: Nerzöl, getrocknete Preiselbeeren, Senfkörner, verschließbare Frischhaltebeutel, Reis oder getrockneter Mais oder Weizenkeime

Für gewöhnlich bereiten Hexen für ihre Magie Kräuter und Zaubertränke in einem Beutel zu, den man *Ouanga* nennt. Als Ersatz aus dem Supermarkt können Sie einen verschließbaren Frischhaltebeutel nehmen. Blasen Sie in einen sauberen Beutel hinein, um das Glück zu beschwören, denn durch Hinzufügen Ihres Atems nutzen Sie die sogenannte sympathetische Magie, eine persönliche magische Verbindung zu dem Zauberspruch. Zählen Sie nun die Zahlen und Buchstaben Ihres Autokennzeichens zusammen (z. B.: A = 1, B = 2 usw.). Zählen Sie danach noch die einzelnen Ziffern des Ergebnisses zusammen (z. B.: wenn das Ergebnis 163 beträgt, ergibt sich 1 + 6 +3 = 10, danach 1 + 0 = 1). Zuletzt kommen Sie auf eine Ziffer zwischen 0 und 9. Legen Sie genau diese Anzahl Senfkörner in den Beutel. Ebenso wie Unfälle vermeiden Sie dadurch jegliche Schwierigkeiten mit dem Gesetz, so zum Beispiel Strafzettel wegen zu schnellen Fahrens.

Fahren Sie eine amerikanische Automarke, fügen Sie neun Stück getrockneten Mais hinzu, fahren Sie ein japanisches Auto, nehmen Sie neun Körner ungekochten Reis. Für einen europäischen Wagen geben Sie einen Teelöffel Weizenkeime dazu. Dadurch stellen Sie sicher, daß Ihr Auto gut fährt und Sie sicher vorwärtsbringt. Nehmen Sie nun sechs getrocknete Preiselbeeren und reiben Sie sie mit Nerzöl ein. Preiselbeeren sind dem Mars in seinem kriegerischen Aspekt geweiht. Indem Sie die Preiselbeeren mit Nerzöl betupfen, geben Sie Mars sozusagen seine Rüstung und seinen Schutzmantel. Nerzöl enthält Lanolin, mit dem die Aura versiegelt und der Magier geschützt wird. Nerze sind wilde Tiere, und ihr Motto lautet einer indianischen Legende zufolge: „Wenn du mir nichts tust, tue ich dir auch nichts!" Die mit Nerzöl eingeriebenen Preiselbeeren sind der magische Ersatz für eine Alarmanlage, und sie schützen Ihr Auto vor Dieben und machen es für diese sozusagen unsichtbar. Wichtig ist dabei, daß Sie genau wissen, wo Sie parken, denn manchmal kann der Wagen auch für Sie selbst unsichtbar werden. Geben Sie die Preiselbeeren in den Beutel. Wenn Sie häufig mit Kindern fahren, fügen Sie noch drei Stückchen Getreide oder Nudeln in Sternchen- oder Halbmondform hinzu. Sie bieten zusätzlichen Schutz und beruhigen im Verkehr Ihre Nerven. Während Sie Ihren Ouangabeutel schließen, stellen Sie sich vor, daß Ihr Auto gesegnet ist und auf jede erdenkliche Art geschützt wird. Hängen Sie den Beutel mit einem Verschlußklipp oder einem roten Schnürsenkel an den Rückspiegel oder legen Sie ihn unter den Fahrersitz.

Parkplatz-Zauber

Zutaten: Schokoladenriegel

Squat (dt. u. a. besetzen) ist jahrzehntelang ein gut gehütetes Geheimnis in Manhattan gewesen. Sie ist die Göttin der Parkplätze. Die Anrufung an sie lautet: „Squat, Squat, steh mir bei, mach mir einen Parkplatz frei." Um sich diese Göttin gewogen zu halten, ist es üblich, einen Schokoriegel als Opfer darzubringen, sobald sie Ihnen einen Parkplatz verschafft hat. Lassen Sie den Riegel einfach zwischen Vorderrad und Bordstein liegen. Außerdem sollten Sie selbst etwas vom Riegel abbeißen, denn es gibt viele Legenden, nach denen Götter oder Göttinnen durch Opfer vergiftet wurden. Als Zeichen für Ihre guten Absichten sollten Sie also stets den ersten Bissen essen.
P. S.: Wer Squat verärgert, findet häufig einen Strafzettel an der Windschutzscheibe vor. Wer Pech hat, muß sogar damit rechnen, daß das Auto abgeschleppt wird. Ob *Sie* nun daran glauben oder nicht, es ist auf jeden Fall klüger, Squat zu ehren!

Zauber für eine aufregende Verabredung

Zutaten: Knoblauch, Eiertomaten, Olivenöl, Basilikum

Ob Sie es glauben oder nicht, Knoblauch ist ein Aphrodisiakum. Im Talmud, einer Sammlung von aus dem fünften und sechsten Jahrhundert stammenden, mündlich überlieferten Gesetzestexten der Juden aus Palästina und Babylon, werden Männer angewiesen, Knoblauch zu essen, um ihre Männlichkeit zu stärken. Der Trick besteht beim Knoblauch darin, daß beide Beteiligten davon essen, damit der Atem nicht mehr abstoßend ist. Einem schüchternen Partner können Sie gerösteten Knoblauch mit frischen Basilikumblättern und Eiertomaten servieren. Tomaten sind der Liebesgöttin Venus geweiht, während Knoblauch und Basilikum zum Sexgott Mars gehören. Kombiniert man Lebensmittel der Venus und des Mars, entsteht eine magische Anziehung zwischen den Geschlechtern. Im allgemeinen gilt, daß der Genuß von Venus geweihten Nahrungsmitteln Liebe und romantische Beziehungen fördert, der Genuß von Mars geweihten Nahrungsmitteln zu Lust und Sex führt. Nehmen Sie immer gleich große Mengen, um ein Gleichgewicht zwischen diesen Energien herzustellen. Verwenden Sie mehr von einer Sorte, wenn Sie das Gefühl haben, daß dieser eine Aspekt unterstützt werden muß.

Schneiden Sie die Tomaten in Scheiben und reiben Sie sie mit dem Daumen mit Olivenöl ein. Stellen Sie sich dabei vor, was Sie gerne mit Ihrem Gast machen möchten. Jeder Körperteil wird von einem anderen Planeten oder astrologischen Zeichen regiert; der Daumen gehört zur Venus. Sie können den gerösteten Knoblauch auch auf den Basilikumblättern oder den Tomatenscheiben verteilen. Der Zauber wirkt noch besser, wenn Sie sich von Ihrer Verabredung den Knoblauch vom Finger lecken lassen und sich dabei vorstellen, wie der Abend am besten enden soll. Nach dem Essen werden Ihre Träume dann erfüllt.

Verzauberndes Bad

Zutaten: Orangen, frische Pfefferminzblätter

Dieses Bad verwandelt Sie garantiert in eine Liebesgöttin. Füllen Sie einfach die Wanne mit warmem Wasser und fügen Sie fünf ganze Orangen sowie ein Bund frische Pfefferminze hinzu. Steigen Sie ins Wasser, schälen Sie die Orangen und drücken Sie den Saft ins Wasser. Massieren Sie sich die Frucht ins Haar und in die Haut und essen Sie ein paar Scheiben, um sich auch innerlich zu salben. Tun Sie dasselbe mit der Minze: Reiben Sie Körper und Haar damit ein und kauen Sie ein oder zwei Blätter. Bevor Sie dieses Bad nehmen, sollten Sie bereits sauber sein. Seifen Sie sich danach nicht ab, sondern lassen Sie Körper und Haare an der Luft trocknen. Jetzt ziehen Sie sich für Ihre Verabredung an. Die Kombination aus Orange und Minze wird Sie unwiderstehlich machen.

Zauber zur Beeinflussung von Partygästen

Zutaten: Nußmischung, Limonen, „Schweinchen im Schlafrock“

Nüsse bringen Menschen zum Reden. Wenn Sie auf einer Party gemischte Nüsse servieren, bringen Sie die Gäste dazu, miteinander zu sprechen. Durch Nüsse gelangen Sie auch an Informationen. Halten Sie beim Servieren die Schüssel in der Hand und denken Sie ganz genau daran, welche Unterhaltungen Sie während Ihrer Party gerne hören würden. Für geschäftliche Gespräche eignen sich am besten Erdnüsse, Mandeln, Paranüsse, Cashewkerne, Pekannüsse, Macadamianüsse und Pistazien. Sollen die Gespräche eher esoterische Züge annehmen, servieren Sie Walnüsse oder Haselnüsse. Paranüsse und Pistazien sind außerdem gut, daß sich potentielle Liebhaber näherkommen.
Mit Limonen können Sie Menschen beeinflussen oder kontrollieren. Servieren Sie sie im Punsch oder als Garnierung der Getränke, und Sie können die Leute für sich gewinnen. Geben Sie den Saft auf jeden Fall mit der richtigen Absicht in das Getränk Ihres Chefs oder eines potentiellen Kunden.
„Schweinchen im Schlafrock“ sind kleine Würstchen in einer Teighülle. Teig hat die Fähigkeit, den Dingen Form zu verleihen. Während Sie die „Schlafröcke“ vorbereiten, ritzen Sie mit einem Messer Botschaften in den Teig. Gehen Sie anschließend mit einem Nudelholz darüber. Auf diese Weise werden die Botschaften in den Teig eingedrückt. Stellen Sie sich dabei vor, wie Sie diese Gedanken in den Köpfen Ihrer Gäste verankern. Es müssen jedoch einfache Botschaften sein. Wenn Sie zum Beispiel eine Tupperparty geben, brauchen Sie nur das Wort *kaufe* in den Teig zu schreiben. Vielleicht reichen auch die Worte *viel*

Spaß. Möglicherweise sind Sie wegen eines bestimmten Problems nervös, und Sie wissen nicht recht, wie Sie das Thema bei Ihren Gästen anschneiden sollen. Sehen Sie zu, wie der Teig aufgeht und stellen Sie sich dabei vor, wie Sie ganz mühelos über das Thema reden. Sehen Sie vor Ihrem geistigen Auge, während die „Schlafröcke" backen, wie Sie das gewünschte Ziel Ihrer Party erreichen.

Telefon-Zauber

Eine Person soll nicht mehr anrufen

Zutaten: ein Stück Butter oder Margarine, Pfefferkörner

Mit Butter oder Margarine können Sie eine unerträgliche Situation entschärfen. Mit Pfeffer läßt sich Druck auf eine Person ausüben oder Sie können eine Person oder Situation damit kontrollieren. Der gemeinsame Einsatz von Pfeffer und Butter/Margarine wird gegen zwanghaftes Verhalten angewandt, kann Wut zügeln oder jemanden dahingehend beeinflussen, daß er Sie vergißt und seine Energien in eine andere Richtung lenkt. Außerdem kann dieser Zauber neugierige Schwiegermütter, Ex-Liebhaber, die Freunde der Tochter oder sogar Geldeintreiber davon abhalten, bei Ihnen anzurufen. Schreiben Sie einfach Ihre Telefonnummer in ein Stück Butter. Drehen Sie die Butter um und schreiben Sie den Namen der Person oder Firma, deren Anrufe Sie stören, auf die Rückseite. Geben Sie die Butter auf einen Teller und legen Sie einen Ring aus Pfefferkörnern drumherum.

Stellen Sie den Teller neben das Telefon und lassen Sie ihn stehen, bis die Butter geschmolzen ist und zerläuft. Der Gedanke an einen Anruf bei Ihnen wird bei der betreffenden Person förmlich zerschmelzen.

Eine Person soll Sie anrufen

Zutaten: Wattebausch, Fenchelkörner, Oregano, Dillkörner, Kümmelkörner

Eine alte Legende aus dem Süden der USA besagt, daß man einen Brief bekommen würde, wenn ein Stück Baumwolle am Kleid hängenblieb. Der Umriß des Buchstabens, dem das Baumwollstück ähnelte, sollte der erste Buchstabe der Person sein, die den Brief geschrieben hatte. Halten Sie zunächst einen Wattebausch in Ihrem Schoß und formen Sie ihn zu dem ersten Buchstaben der Person, von der Sie gerne etwas hören möchten. Legen Sie den Bausch unter das Telefon und legen Sie einen Kreis aus Fenchel, Oregano, Dill und Kümmel um die Watte. Diese Gewürze sind mit dem Planeten Merkur verbunden, der die Verständigung regiert. Stellen Sie sich vor, wie die betreffende Person den Hörer aufhebt und Sie anruft. Ich habe gehört, daß dieser Zauber schon innerhalb von zehn Minuten gewirkt hat, dennoch sollten Sie ihm mindestens drei Tage Zeit geben. Je mehr Energie und Vorstellungskraft Sie in den Zauber hineinlegen, um so schneller wirkt der Bann.

Zauber für die Versöhnung von Freunden

Zutaten: leerer Pappzylinder (von einer Küchen- oder Toilettenpapierrolle), zwei Stück Zucker, Küchennatron

Erinnern Sie sich noch, wie Sie als Kind aus Papprollen Walkie-Talkies oder Mikrophone gebastelt haben? Es ist witzig, wie ein scheinbar nutzloser Gegenstand als Mittel der Verständigung dienen kann, nachdem seine Funktion als Papierspender erschöpft ist. Nehmen Sie eine Küchenrolle und schreiben Sie die Namen der streitenden Freunde auf die gegenüberliegenden Enden. Benutzen Sie dazu einen blauen Stift, denn Blau ist die Farbe des Vergebens und des Friedens. Füllen Sie die Rolle mit zwei Teelöffeln Küchennatron, das die negative Energie absorbieren soll. Fügen Sie anschließend zwei Stück Zucker hinzu, um die Beziehung angenehmer zu machen. Bedecken Sie beide Enden mit den Händen und schütteln Sie die Rolle. Wenn Sie das Gefühl haben, genügend Energie erzeugt zu haben, schlagen Sie die Hände zusammen und zerdrücken dabei die Pappe. Stellen Sie sich vor, wie sich die beiden Kontrahenten in der Mitte treffen und wieder versöhnen.

Zauber gegen die unerwünschten Verehrer

Zutaten: Schüssel weiße Rüben

Ist irgend jemand in Sie verliebt, obwohl Sie ihn nicht leiden können? Legenden aus den Ozark-Bergen behaupten, daß Sie einer Person, die Sie nicht mögen, weiße Rüben servieren sollten, damit sie nicht mehr in Sie verliebt ist oder Ihnen unerwünscht nähertritt. Zwar ist die weiße Rübe ein Wurzelgemüse mit realistischen Eigenschaften, doch wird sie von Neptun regiert, dem träumerischen Planeten mit dem Namen des Meeresgottes. Rüben sind sowohl mit dem Erd- als auch mit dem Wasserelement gesegnet und können Illusionen durchbrechen. Außerdem können sie Alpträume sowohl im Wach- als auch im Schlafzustand zerstreuen, Botschaften schicken sowie den Menschen helfen, Informationen zu erfassen.

Sind Sie es leid, immer wieder mit den falschen Typen auszugehen? Hat es den Anschein, als träfen Sie einfach nie einen anständigen Mann? Um solch eine mögliche „höllische Verabredung" abzuwehren, sollten Sie eine weiße Rübe in Ihrer Tasche bei sich tragen, ganz gleich, ob zu einer Party oder in eine Bar. Die Rübe wird eine mächtige Botschaft aussenden und den Falschen oder die Falsche davon abhalten, sich Ihnen zu nähern.

Schnelle Helfer

Zutaten: verschiedene kohlensäurehaltige Getränke, Zimtdoughnuts, Tasse Kaffee, verschiedene harte Bonbons, Kaugummi in verschiedenen Geschmacksrichtungen, Nüsse

Vielleicht haben Sie nicht viel Zeit, im Supermarkt einzukaufen. Hier ein paar Zaubersprüche für alle, die es eilig haben.

Eine Tasse Kaffee und ein Zimtdoughnut können Ihnen Erfolg und Konzentration bescheren oder Sie auf einen harten Arbeitstag vorbereiten. Beide sind ein perfektes Extra, den Tag zu beginnen. Kaffee verbessert Ihre Arbeitsfähigkeit, Zimt garantiert Ihre schnelle Handlungsfähigkeit und läßt Ihnen dieses mysteriöse Etwas zuteil werden, das man *Glück* nennt. Die Kombination aus Kaffee und Zimt kann Ihnen mehr Autorität verleihen, Sie einflußreicher machen und Ihnen helfen, die Konkurrenz auszustechen. Coca-Cola verbessert die Konzentration und Kreativität und beschleunigt geistige Prozesse. Ursprünglich enthielt dieses Getränk Spuren von Kokain, und obwohl diese Zutat nicht mehr verwendet wird, wirken ihre Eigenschaften in Form von Schwingungen noch heute. Das Getränk enthält außerdem Koffein, das aus Kolanüssen gewonnen wird. Diese Nüsse stammen aus Afrika und wurden dort gekaut, um den Geist für Visionen zu öffnen.

Rootbeer, eine Limonade aus Kräuter- oder Wurzelextrakten, kann Depressionen lindern. Das zur Herstellung verwendete Kraut Sassafras – ein Lorbeergewächs – wird von Hexen in Tees verwendet, die Glück bringen sollen.

Nüsse sind Glücksnahrungsmittel und wurden in alten Zivilisationen ebenso wie Salz sogar als Zahlungsmittel benutzt. Sie können mit ihrer Hilfe Ihre Ausdrucksfähigkeit verbessern und jemanden bezaubern oder von einer Sache überzeugen. Ingwer wird immer verwendet, um Zaubersprüche um Liebe oder Geld zu beschleunigen oder ihnen mehr Macht zu verleihen. Trinken Sie Ginger Ale (das Ingwer enthält) und essen Sie gesalzene Nüsse, wenn Sie Erfolg bei Verhandlungen und Verkäufen brauchen. Ginger Ale mit Himbeergeschmack bringt schnelle Erfolge in der Liebe. Ingwer beschleunigt die Angelegenheit, die Himbeeren sind Venus geweiht, der Göttin der Liebe. Getränke mit Kirschgeschmack verleihen Selbstsicherheit. Jegliche Lebensmittel mit Kirschgeschmack verbessern Ihr Selbstwertgefühl oder Ihren Respekt vor sich selbst, denn Kirschen sind die Früchte der Selbstliebe.

Ich empfehle, für den Notfall stets eine Packung Kaugummi oder Bonbons bei sich zu tragen. Angenommen, Sie begegnen irgendwo auf der Straße dem Richtigen? Keine Zeit für ein betörendes Bad! (Siehe den Abschnitt über „Ausgehen und Vergnügen".) Stecken Sie schnell ein Bonbon mit Orangengeschmack und ein Stück Pfefferminz in den Mund. Sofort sind Sie unwiderstehlich!

Falls Sie sich in einer unsicheren Gegend oder Situation befinden, kauen Sie zum Schutz ein Kaugummi mit *Wintergreen*-Geschmack. Die Indianer rieben sich vor einer Schlacht den Körper mit den Blättern der Frucht Gaultheria ein (aus der diese Geschmacksrichtung gewonnen wird), um sich mit Kraft und Schutz zu versehen.

Blätter von Grüner Minze wurden zur mentalen Stimulation gekaut und in volkstümlichen Heilmitteln verwendet, wenn man den Kopf klar bekommen wollte. Diese Blätter sind sehr hilfreich, wenn Sie in einem Streit zu verlieren drohen oder dringend eine geistreiche oder scharfzüngige Erwiderung benötigen. Zudem helfen sie dabei, Prüfungen zu bestehen.

Die exotische Ananas ist eine Frucht des Wohlstands. In Verbindung mit Zimt verbessert sie Ihre Einkommensmöglichkeiten. Rollen Sie ein Ananasbonbon in ein Stück Zimtkaugummi, um zu Geld und schnellem Glück zu gelangen.

Zimtkaugummi mit einem Kirschbonbon kann Ihnen bei einem Vorstellungsgespräch Glück bringen. Die Erfolgs- und Einflußschwingungen von Zimt in Verbindung mit den Eigenschaften der Kirsche, die für mehr Selbstvertrauen sorgen, machen Sie unschlagbar.

Bonbons mit Limonengeschmack sind wunderbar, wenn Sie als Verkäuferin schnell reden wollen, denn die Limone hilft, andere zu dominieren oder von Ihren Gedanken zu überzeugen. Fügen Sie noch ein Zimt- oder Ingwerbonbon hinzu, wenn Sie schnell einen Handel abschließen müssen und es mit sturen oder langsamen Kunden zu tun haben.

Kokosnuß- oder Zitronenbonbons wirken besonders reinigend, wenn Sie sich verhext oder belästigt fühlen. Die meisten Voodoo-Schutzzauber oder Analogzauber (Schwarze Magie!) verlangen entweder Kokosnuß oder Zitrone, um Hindernisse aus dem Weg zu schaffen, und ein altes Rezept aus New Orleans verbindet Kokosnuß, Zitrone und Kirsche zu einem mächtigen Liebesbann. Ich schlage vor, daß Sie zuerst die Zitronen- und Kokosnußbonbons lutschen und sich dabei vorstellen, wie alle Widrigkeiten verschwinden. Nehmen Sie dann ein Kirschbonbon hinzu und nähern Sie sich der Person, die Sie gerne auf sich aufmerksam machen möchten.

In diesem Buch komme ich mehrfach auf die magischen Eigenschaften von verschiedenen Lebensmitteln und Kräutern zu sprechen. Viele, ganz besonders die Früchte, sind auch als Geschmacksrichtung in Getränken und Snacks zu finden. Gehen Sie mit Phantasie und Kreativität an die Sache heran, um anhand der Informationen in diesem Buch Ihren eigenen schnellen Helfer zu kreieren.

Wohlstand und Erfolg

Wohlstandszauber mit Brotlaiben und Fischen

Zutaten: fünf Sesambrötchen, zwei Dosen Thunfisch, eine Zwiebel, Sellerie, grüner Salat, Zitrone, Mayonnaise

Machen die Lebenshaltungskosten Sie nervös? Machen Sie sich Sorgen, Ihre Familie nicht ernähren zu können? Dieser Zauber wehrt Armut ab und sichert Ihnen Ihren Wohlstand. Doch der Mensch lebt nicht vom Brot allein. Fisch wirkt nicht nur schützend, sondern ist in vielen alten Kulturen auch ein Symbol für Wohlstand. Laut Matthäus-Evangelium hat Jesus ungefähr fünftausend Männer und ihre Frauen und Kinder mit fünf Laib Brot und zwei Fischen gespeist. Nachdem alle gegessen hatten und satt waren, wurden zwölf Körbe für die Reste herumgereicht. Nach dem griechischen Historiker Herodot gaben die Ägypter neun Tonnen Gold aus, um Zwiebeln für die Sklaven zu kaufen, die die Pyramiden bauten.

Manchmal vergessen wir, wie kostbar manche Dinge sind, die uns ganz normal vorkommen. Mayonnaise zum Beispiel gibt es heute zwar überall zu kaufen, doch ursprünglich war sie eine erlesene französische Sauce. Sehen wir uns einmal die Zutaten von *la mayonnaise* genauer an: Zitrone und Salz werden zur Reinigung und Läuterung benutzt, Essig verscheucht böse Mächte, und Eier absorbieren negative Energien. Zucker macht das Leben süß und angenehm, und die Hauptzutat, die Sojabohne, ist aus chinesischen und japanischen Sagen und Legenden als „Bohne des Glücks" bekannt. Am japanischen Neujahrstag werden Sojabohnen im ganzen Haus verteilt, damit sie Wohlstand bringen. Mayonnaise mit all ihren magischen Zutaten kann verwendet werden, um Armut zu verscheuchen und Segen und Überfluß anzuziehen. Sellerie und grüner Salat werden mit männlichen Fruchtbarkeitsgöttern in Verbindung gebracht und helfen Ihnen, fruchtbar zu sein und sich zu vermehren. Wenn Sie dieses Gemüse essen, können Sie einen Zustand des Friedens erreichen. Auch die Farbe macht sie zu Lebensmitteln, die Geld und Wohlstand anziehen. Sesam galt früher einmal als fruchtbarste aller Pflanzen. Zitronen mit ihrer lebhaften gelben Farbe rufen die Energie der Sonne an und bringen Glück und Zufriedenheit.

Hier also ist das Wunder. Öffnen Sie die Fischdosen und fügen Sie gewürfelte Zwiebeln (rote Zwiebeln verstärken die Zauberwirkung), gehackten Sellerie, einen Spritzer Zitronensaft und ein paar gehäufte Teelöffel Mayonnaise hinzu. Mischen Sie alles gut durch und verteilen Sie die Mischung auf den Brötchen. Legen Sie ein paar Blatt grünen Salat auf jedes Brötchen. Schneiden Sie es zweimal in zwei Hälften, so daß Sie am Ende zwanzig kleine Brötchen erhalten. Die Zahl zwanzig wirkt besonders magisch, denn sie symbolisiert einen kompletten Menschen – zehn Finger und zehn Zehen. Teilen Sie diese Brötchen mit Ihrer Familie oder mit Freunden. Während Sie essen, stellen Sie sich genug Essen, Geld usw. vor, daß alle glücklich werden und sich immer und überall als Ganzes empfinden können. Sammeln Sie nach dem Essen zwanzig Krümel der Brötchen in einem Korb und stellen Sie ihn als Opfer unter einen Baum. Während Sie Gott und Göttin danken, stellen Sie sich vor, daß immer genug vom Essen übrig bleiben wird. Das Prinzip des Wohlstands lehrt, daß es immer genug für alle gibt. Wir brauchen anderen Menschen oder der Erde nichts vorzuenthalten, um selbst genug zu bekommen.

Erfolgszauber

Zutaten: Piment, Basilikum, Lorbeerblätter, Zimt, Gewürznelken, Muskat

Diese Kräuter sind beliebte Zutaten für Dufträuchermischungen, die für Erfolg und Geld verbrannt werden. Piment und Gewürznelken werden von Jupiter regiert, dem Planeten für Glück und geschäftlichen Erfolg. Lorbeer und Basilikum sollen wegen ihrer grünen Farbe das Geld anziehen. Basilikum wird normalerweise für Liebeszauber verwendet, kann jedoch auch eingesetzt werden, um die Eigenschaften des Elans und des Ehrgeizes von Mars anzuzapfen. Lorbeer wird von der Sonne regiert und meistens zur Heilung oder zum Schutz verwendet. Nach amerikanischen Legenden heißt es jedoch auch, daß einen Wunsch erfüllt bekommt, wer ein Lorbeerblatt in der Suppe findet. Im alten Griechenland krönte man mit Lorbeerkränzen die Sieger bei den Olympischen Spielen.

Zimt wurde zum ersten Mal in chinesischen Schriften erwähnt, die auf das Jahr 2700 v. Chr. zurückgehen. In biblischen Zeiten schätzten sowohl Juden als auch Araber dieses Gewürz und benutzten es in den heiligen Tempeln zum Einreiben. Zimt wird von der Sonne regiert und war ebenso kostbar wie Weihrauch und Gold. Hexen von heute fügen ihren Zaubersprüchen um

Liebe, Heilung, Erfolg und Geld Zimt hinzu. Es ist also ein heiliges Allzweckkraut. Die Verbindung von Lorbeer und Zimt zieht den Ruhm an.
Muskat, von Jupiter und Merkur regiert, wird traditionell in Spuren verwendet, um hellseherische oder intuitive Kräfte zu wekken. Bei einem modernen Voodoozauber wird ein Loch in eine Muskatnuß gebohrt, dieses mit flüssigem Quecksilber gefüllt und mit Wachs versiegelt. Die Nuß soll dann Glück im Spiel bescheren. Erfolg stellt sich häufig ein, wenn Sie Ihrer Intuition folgen und ein Risiko eingehen.
Füllen Sie einen Topf mit den erwähnten Kräutern, geben Sie Quellwasser hinzu und lassen Sie alles auf dem Herd köcheln. Hexen reichern ihre Sprüche mit den vier Elementen an, damit sich der Erfolg auf allen vier Ebenen einstellt. Das Element Luft betrifft die Verwirklichung unserer Gedanken und Pläne, das Element Feuer repräsentiert unsere Wünsche und die Handlungen, die zu ihrer Erfüllung führen. Das Element Wasser symbolisiert unser emotionales Wohlergehen, und das Element Erde steht für die greifbare Verwirklichung unseres gewünschten Ziels. Die Kräuter repräsentieren das Erdelement, der Herd das Feuerelement. Das Quellwasser stellt das Wasserelement dar, der Dampf des köchelnden Gebräus bildet das Luftelement. Lassen Sie den Duft durch Ihre ganze Wohnung ziehen, um die erfolgreichen Schwingungen anzulocken. Sie können außerdem Ihre Taschen mit den Kräutern füllen, damit Sie sich auch draußen in der Welt Ihren Erfolg sichern.

Chango Macho-Geldzauber

Zutaten: Äpfel, Zimt, Kokosnuß, rote Wachskerze, rote oder rotweiße Tischdecke

Chango Macho ist der afro-kubanische Gott des Reichtums und der Geschäfte. Außerdem ist er der Gott des *iwa-pêlê*, des „guten Charakters". Äpfel, Zimt und Kokosnuß ziehen allesamt seine Energie an. Sie können diese Früchte essen, um selbst erfolgreicher in Ihrem Job zu werden und einen guten Charakter zu bekommen. Während alle anderen sich im harten Konkurrenzkampf abstrampeln, sollten Sie klugerweise immer daran denken, daß ein guter Ruf der Schlüssel zum Erfolg ist!
Es ist üblich, diese Früchte als Opfer für Chango auf einem Altar darzubringen. Räumen Sie einfach ein wenig Platz auf einem Tisch oder Büfett frei und bedecken Sie ihn mit einem roten oder rotweißen Tischtuch (dies sind die Farben von Chango). Zünden Sie eine rote Wachskerze an und legen Sie die Äpfel, die Kokosnuß und den Zimt dazu. Nach einer Woche können Sie die Lebensmittel entfernen und wegwerfen. Chango liebt übrigens auch eine gute Zigarre. Entzünden Sie die Zigarre vor dem Altar und blasen Sie den Rauch über die Kerze und die Früchte.

Geldzauber

Zutaten: Schokomilch oder Schokoriegel, Ingwerkekse oder Zimtbrötchen

Schokolade wird vom Mars regiert und kann entweder für Sex- oder Geldzauber verwendet werden. Die Hauptzutat der Schokolade, die Kakaobohnen, wurde früher als Währung genutzt. Wie die Schokolade Ihrem Blutkreislauf einen schnellen Zuckerschub verschafft, sorgt sie auch in Ihrem Portemonnaie für schnellen Nachschub.

Milch ist der Mutter Göttin geweiht und wird überall als Nahrungsmittel anerkannt. Am besten sollten Sie die Milch bei Vollmond trinken, wenn Sie zu Geld kommen wollen. Nach dem Glauben der Hexen gewährt die Göttin bei Vollmond alles, was wir brauchen. Im Alten Testament symbolisieren Milch und Honig den Überfluß. Trinken Sie heiße Schokolade, gesüßt mit Honig, während der Zeit zwischen Neu- und Vollmond, um Ihr Einkommen ganz allmählich zu verbessern.

Mit Ingwer oder Zimt können Sie sehr schnell zu Geld kommen. Beide werden für Glück und Schnelligkeit verwendet. Es sind scharfe und sehr pikante Gewürze, und sie neigen dazu, alles, was sie so schnell angezogen haben, auch schnell zu verbrennen. Essen Sie sie zu Mittag, um Ihr Einkommen und Ihr Glück zu vermehren (besonders, wenn Sie auf Provision arbeiten), oder nehmen Sie sie gegen Ende des Monats zu sich, wenn Sie noch ein wenig Geld zusätzlich brauchen. Dieser Zauber zieht nicht viel Geld an, aber dafür geht es schnell.

Zutaten: Earl Grey-Tee, grüne Lebensmittelfarbe

Earl Grey-Tee wird mit Bergamotte hergestellt, ein Kraut, das ebenfalls das Geld anziehen soll. Trinken Sie gleich morgens früh eine Tasse Earl Grey, um Ihr Einkommen zu verbessern, oder geben Sie vier Teebeutel sowie eine halbe Kappe grüne Lebensmittelfarbe in die Badewanne. Baden Sie zehn bis fünfzehn Minuten darin, und stellen Sie sich dabei den Geldbetrag vor, den Sie benötigen. Schöpfen Sie das Wasser mit den Händen, als schöpften Sie Geld und malen Sie sich aus, daß Sie die Hände voller Geld haben.

Zutaten: eine Dose oder frische Ananas, frische Brombeeren oder Brombeermarmelade, Weintrauben oder Traubengelee, (Erd)nußbutter, Haferbrot

Grüne Trauben sollen das Geld anziehen, und ganz allgemein heißt es, daß die Früchte des Rebstocks Reichtum verbreiten. Stellen Sie sich vor, wie Ihr Einkommen steigt und Ihr Unternehmen sich vergrößert, während Sie die Brombeeren oder Weintrauben essen. Die Ananas lehrt uns durch ihr stacheliges Äußeres und das saftige Innere, daß auf harte Arbeit eine süße Belohnung folgt. In Kuba, Puerto Rico und auf Hawaii stellt die Ananas einen wichtigen Anteil an den angebauten Produkten, und die Legenden der Inseln ehren sie als heiliges Symbol des Reichtums. Bereiten Sie einen Obstsalat aus Ananas, Brombeeren und Weintrauben zu, um Ihr Einkommen zu verbessern.

Die meisten Nüsse haben die Eigenschaften, positiv auf Geld zu wirken. In mehreren alten Zivilisationen wurden Nüsse sogar als Zahlungsmittel verwendet. Mandeln, Paranüsse, Cashewkerne, Walnüsse und Pinienkerne ziehen Geld an, wenn man sie ißt. Pekannüsse sind hilfreich in Fragen des Arbeitsplatzes, Pistazien und Macadamianüsse sind auch als „reiche Nüsse" bekannt und sollten gegessen werden, wenn man größere Geldbeträge braucht. Das bringt mich auf die stets beliebte Erdnuß. Erdnüsse wurden ursprünglich von den alten Maya in Südamerika angebaut. Man betrachtete sie als Nahrungsmittel für Fruchtbarkeit und Reichtum, denn sie wuchsen und entwickelten sich im Boden, im Bauch von Mutter Erde. In den Vereinigten Staaten wurde die Erdnuß als „Nuß des armen Mannes" bekannt und stand für die Feldfrüchte der Sklaven. Dennoch gelang es George Washington Carver, die Wirtschaft des Südens erheblich zu verbessern, indem er die Farmer davon überzeugte, Erdnüsse anzubauen. Er entdeckte das wertvolle Erdnußöl und die Erdnußbutter und bewies damit, wieviel Reichtum in dieser Nuß verborgen ist.

Auch alle Getreidesorten werden als Lebensmittel für Reichtum angesehen. Die Heiden in Bayern und Böhmen stellten aus den letzten Strohhalmen der Ernte eine „Haferziege", die Habergeiß, her. Die Habergeiß wurde durch die Stadt getragen und tanzte in allen Häusern, um ihnen Überfluß zu bescheren, und sie tanzte auch mit den Frauen, damit sie fruchtbar waren. Außerdem gab man der Ziege Essen und Geld, um sich ihre Gunst zu sichern.

Bereiten Sie sich ein Haferbrot mit Erdnußbutter und Brombeermarmelade oder Traubengelee und essen Sie es, damit Sie beständig das Geld anziehen. Nehmen Sie Pistazienbutter oder geben Sie in Ihren Obstsalat Macadamianüsse, wenn Sie Geld brauchen, um sich etwas Besonderes kaufen zu können.

Zutaten: Alfalfasprossen

Es heißt, Sie bekommen leichter einen Kredit, wenn Sie vor Ihrem Besuch bei der Bank Alfalfasprossen (Luzerne) essen. Außerdem können Sie damit großzügige Investoren anziehen. Dieser Mythos ist relativ modern und bislang in geheimen Wiccakreisen ein gut gehütetes Geheimnis. Die Legende lautet: Kurz nachdem dieses bohnenartige Kraut praktisch in jedem gesunden Salat zu finden war, der im „Goldenen Staat" Kalifornien serviert wurde, rief ein kurzsichtiger und bankrotter Drehbuchautor „Heureka", denn er verwechselte die Sprossen mit den Armen eines Menschenfreundes, der ihm Geld hinhielt. In seiner Erregung stieß er den Tisch um und verschüttete seinen Salat über den Mann am Nachbartisch. Prompt warf man ihn aus dem Lokal und nahm ihn wegen Ruhestörung und Zechprellerei fest. Inzwischen aß der Mann am Nachbartisch still seine Sprossen

und machte sich nicht einmal die Mühe, diese aus seinem Schoß zu wischen. Am nächsten Tag wurde sein Projekt in vollem Umfang finanziell unterstützt.
Alfalfa entstammt dem arabischen Wort *alfasfasah*, das soviel bedeutet wie „bestes Futter“, und die Früchte reichern den Boden an. Wenn Sie „Futter“ für Ihr Lieblingsprojekt brauchen, essen Sie Alfalfasprossen. Lassen Sie einige davon auf Ihren Schoß fallen, um Investoren anzuziehen. Betrachten Sie, während Sie die Sprossen zu sich nehmen, die langen grünen Arme, der Sprößlinge und stellen Sie sich vor, wie der Bankangestellte Ihnen die Geldscheine überreicht.

Spar-Zauber

Zutaten: Yamswurzel

Yamswurzeln sind mit der Eigenschaft der Erdverbundenheit gesegnet. Essen Sie diese oder andere Wurzelgemüse, erreichen Sie eine stabilisierende Wirkung. Um einen bestimmten Geldbetrag zu sparen oder zu sichern, ritzen Sie die Summe in die Yamswurzel, die Sie anschließend kochen und essen. Wenn die Yamswurzel erhitzt wird, tritt ihr Honig aus. Stellen Sie sich beim Essen vor, wie das Geld an Ihnen klebt. Sie können auch einen Yamswurzel-„Sparschwein“zauber erschaffen. Falls Sie künstlerische Neigungen haben, schnitzen Sie die Wurzel in die Form eines Schweins, ein Symbol für Wohlstand. Schneiden Sie dann einen tiefen Schlitz in die Wurzel und legen Sie einen Pfennig pro hundert oder tausend Mark, die Sie sparen wollen, hinein. Legen Sie die Yamswurzel in die Sonne, bis sie Wurzeln bildet und vergraben Sie sie dann bei Vollmond im Hof. So werden Ihre Ersparnisse Wurzeln bilden und anwachsen.

Zauber gegen Armut

Zutaten: Zucker, Salz, Reis, offene Sicherheitsnadel

Dieser Zauberspruch gründet sich auf eine Voodooformel aus New Orleans und sorgt dafür, daß Sie im Leben stets haben, was Sie wirklich brauchen. Füllen Sie eine Schüssel zu gleichen Teilen mit Zucker, Salz und Reis und legen Sie eine offene Sicherheitsnadel in die Mitte. Stellen Sie die Schüssel vor die Tür, um die Armut draußen zu halten.

Zauber für Inspiration und Kreativität

Zutaten: Sternchennudeln, Pinienkerne oder Pistazien, Sesam- oder Olivenöl, wahlweise Basilikum oder Knoblauch, kohlensäurehaltige Getränke

Nudeln, Pinienkerne und Pistazien werden allesamt von Merkur und dem Sternzeichen der Zwillinge regiert; sie stimulieren den Geist und füttern die kreativen Zentren unseres Gehirns. Sesam- und Olivenöl sind Apollo geweiht, dem Gott der Musik, der Kunst und des Theaters. Ich schlage vor, daß Sie eine einfache Schüssel mit Sternchennudeln essen oder Nudeln mit Sesam- oder Olivenöl und zerstoßenen Pinienkernen oder Pistazien, um den kreativen Zauber zu inspirieren. Noch weiter bringt der Zauber Sie, wenn Sie eine Pestosauce mit Basilikum und Knoblauch zubereiten. Der Knoblauch wird Ihren Elan stärken, das Basilikum fügt den venusianischen Aspekt der Schönheit und künstlerischen Wertschätzung hinzu.

Alle kohlensäurehaltigen Getränke werden vom Sternzeichen der Zwillinge regiert und können verwendet werden, wenn Sie ganz schnelll von der Muse geküßt werden müssen.

Zauber für Erfolg in der Schule

Zutaten: Rosmarin, Senf, Kaugummi mit Spearmintgeschmack

Rosmarin verbessert das Gedächtnis. Würzen Sie Ihr Essen damit, solange Sie für eine Prüfung lernen. Senf stimuliert das Gehirn, und da er vom Mars regiert wird, verstärkt er auch Ihren Elan und Ihren Ehrgeiz. Sandwiches mit Senf steigern die Denkfähigkeit und motivieren Studenten, intensiver zu lernen und ihre Zensuren zu verbessern. Falls Sie bis zum letzten Augenblick gebüffelt haben und immer noch unsicher sind, kauen Sie während der Prüfung Kaugummi mit Spearmintgeschmack. Die darin enthaltene Grüne Minze stimuliert ebenfalls das Gehirn und hilft Ihrem Erinnerungsvermögen schnell auf die Sprünge.

Kinder

Empfängniszauber

Zutaten: Kürbisse, Granatäpfel, Feigen, Honig

Granatäpfel und Kürbisse sollen die Fruchtbarkeit steigern. Der Glaube an die Fortpflanzungskräfte dieser Nahrungsmittel entsprang der Tatsache, daß sie mit Kernen, also Samen, gefüllt sind. Auch Feigen gehören dazu und sollen eine Frau fruchtbar machen. Frauen sollten diese Lebensmittel während ihrer fruchtbaren Tage essen, um ihre Chancen auf eine Empfängnis zu verbessern. Männer sollten sie an Neumond zu sich nehmen, um die Anzahl ihrer Spermien zu erhöhen.

Die Yoruba verehren die Göttin Oshun, die Kürbisse liebt. Für jene, die sie bitten, ihr ein Kind zu geben, ist es tabu, Kürbisse oder Kürbiskerne zu essen, denn sie sind die Kinder der Göttin. Bieten Sie ihr einfach ein Opfer in Form eines in Honig gehüllten Kürbisses dar. Vergessen Sie nicht, den Honig zu probieren, bevor Sie ihn als Opfer darbringen. Eine Legende erzählt von dem Versuch, die Göttin mit Honig zu vergiften, daher müssen Sie ihn probieren, um ihr zu zeigen, daß das Opfer in Ordnung ist. Oshun ist die Göttin des Flusses, daher sollten Sie den Kürbis in einer Vollmondnacht zum nächstgelegenen Fluß bringen.

Zauber für eine sichere Geburt

Zutaten: gelber Flaschenkürbis, Mais, Butterkaramellen, roter Faden

Es heißt, man könne Glück und Gesundheit für Mutter und Kind erreichen, wenn im Kreißsaal gelbe Speisen gegessen oder aufbewahrt werden. Gelb ist die Farbe von Oshun, der Fruchtbarkeitsgöttin der Yoruba, sowie die Farbe des Eidotters und symbolisiert daher das ungeborene Kind. Hexen brennen an ihrem Geburtstag gelbe Kerzen nieder, so daß sie im kommenden Jahr gesund und glücklich sind. In der astrologischen Begriffswelt markiert der Geburtstag die Wiederkehr der Sonne unter der exakten Sternenkonstellation, unter der wir geboren wurden. In Mexiko bringt es Glück, wenn man zu Beginn des neuen Jahres oder eines neuen Lebensabschnitts die Farbe Gelb trägt.

In der jüdischen Tradition wird Rot zum Schutz der Mutter und des Kindes verwendet. Die Farbe symbolisiert das Lebensblut der Schöpfung. Nach alter Tradition wird ein rotes Band um die Handgelenke von Mutter und Kind oder eine rote Schleife um die Wiege gebunden.

Zauber für glückliche Kinder

Zutaten: Kirschen, Rootbeer, Brote mit Erdnuß- und Apfelbutter

Kirschen sind die Früchte des Selbstvertrauens und der Selbstliebe und bringen Glück ins Haus. Rootbeer soll das spielerische Element fördern. Erdnuß- und Apfelbutter sind ebenfalls Speisen des Selbstvertrauens und geben Energie, Gesundheit, Erdverbundenheit und Schutz. Vollkorn- oder Körnerbrot stimulieren Körper und Geist und sind gesünder als Weißbrot, das den Körper nur beschwert. Geben Sie diese Nahrungsmittel Ihren Kindern einfach zu den Mahlzeiten oder zwischendurch.

Zauber zur Anregung der Kreativität bei Kindern

Zutaten: runde oder sternförmige Frühstücksflocken, runde, längliche oder spiralförmige Nudeln, Karottensaft, Mandeln, Bananen, Datteln

Natürlich sollen Sie Ihren Kindern diese Lebensmittel nicht alle auf einmal geben, doch wenn Sie hier und da ein wenig davon in den normalen Speiseplan einbauen, können Sie die Kreativität Ihrer Kinder anregen. Alle runden oder sternförmigen Frühstücksflocken fördern die Kreativität, und runde, längliche oder spiralförmige Nudeln stimulieren den Geist mehr als die altmodischen geraden Spaghetti. Karottensaft gibt geistige und körperliche Energie und verbessert Antriebskraft und Motivation. Mandeln, Bananen und Datteln werden vom Element Luft regiert, das unsere Gedanken und Ideen beeinflußt.

Zauber gegen zuviel Fernsehen

Zutaten: Schokoladenkuchenröllchen mit Crèmefüllung in Spiralform

Die Spirale ist ein uraltes neolithisches Symbol, das schon lange vor dem Fernsehen existierte. Jeder kann durch das Anschauen einer Spirale hypnotisiert werden, sie ist ein mächtiges Bild, mit dem sich unterschwellige Botschaften senden lassen. Sie können auch spiralförmige Nudeln verwenden, doch ich finde es mit der Kuchenrolle leichter. Es gibt verschiedene Produkte dieser Art im Supermarkt, auch weißen Kuchen mit Marmeladenfüllung. Sie können diesen als Ersatz nehmen, aber ich empfehle Schokoladenkuchen, weil Schokolade als Stimulus für Offenheit gegenüber der unterschwelligen Botschaft sorgt. Nehmen Sie einfach die Kuchenrolle und schreiben Sie „Kein Fernsehen" in die weiße Crèmefüllung. Bewegen Sie den Kuchen im Uhrzeigersinn vor den Augen Ihres Kindes, wodurch Sie eine unterschwellige Botschaft gleichzeitig einfordern und einpflanzen. Gehen Sie immer näher an Ihr Kind heran, bis es in den Kuchen hineinbeißen kann. Sobald das Kind ihn ißt, wird die Botschaft in sein Unterbewußtes weitergeleitet.

Zauber, der die Eltern zugunsten der Kinder beeinflußt

Zutaten: Eis, dreizehn Limonen, Zukker, ein Glaskrug, ein Kugelschreiber

Also, Kinder, vergeßt die Limonade! Ein Limonengetränk löscht den Durst viel besser und kann obendrein zu Euren Gunsten wirken. Nehmt dreizehn ganze Limonen und schreibt mit einem Kugelschreiber Eure Bitten auf die Schalen. Zum Beispiel: „Autoschlüssel" oder „lange aufbleiben und fernsehen". Auch das Alphabet enthält große magische Kräfte, und die Dinge auszusprechen, ist der erste Schritt zur Erlangung unserer Wünsche. Pro Jahr gibt es dreizehnmal Vollmond, daher betrachten Hexen die Zahl dreizehn als Symbol für Macht und Glück. Schneidet jetzt die Limonen in Scheiben und drückt sie so gut ihr könnt aus. Konzentriert Euch darauf, Eure Eltern dazu zu bringen, Eure Wünsche zu erfüllen, während die Scheiben in den Krug fallen. Jetzt fügt Zucker hinzu, um Euch Eure Leute wohlgesonnen zu

machen und füllt den Krug mit Eiswürfeln. Zucker und Eis werden verwendet, um eine Person „einzufrieren", also dazu zu bringen, sich Euch gegenüber nur positiv zu verhalten.
Laßt den Krug in der Sonne stehen. Sonnenmagie – das Einfangen der Sonnenstrahlen – macht einen Zauberspruch erfolg- und siegreich. Während das Eis schmilzt, rührt das Getränk im Uhrzeigersinn oder in Eure Richtung um und stellt Euch dabei vor, wie Eure Eltern „dahinschmelzen", nachgeben und sich Euren Wünschen anschließen. Gebt die beiden ersten Gläser Eurer Mutter und/oder Eurem Vater zu trinken und verkauft die verbleibende Menge an die Eltern in der Nachbarschaft. Während sie Euer magisches Getränk trinken, stellt Euch vor, wie sie ihre Kinder glücklich machen. Viel Spaß, und vergeßt nie das Credo der Hexen: „Tu was du willst und schade niemandem." (Mit anderen Worten, Ihr solltet nicht um Dinge bitten, die Euch oder Eurer Familie schaden könnten!)

Zauber, der Kinder vor Schaden bewahrt

Zutaten: Blaubeeren

Blaubeeren werden vom Mond regiert und wirken stark schützend. Geben Sie sie Ihren Kindern morgens zum Müsli, um die Sicherheit der Kinder draußen in der Welt zu gewährleisten. In Fällen von extremer Gefahr empfehle ich, den Körper mit Blaubeerflecken zu versehen. Vielleicht haben Sie Angst, die Kinder in einem Sorgerechtsstreit zu verlieren, oder Sie wissen, daß sie schlechten Einflüssen ausgesetzt sind. Besonders, wenn Sie Gesicht und Füße mit den Blaubeeren behandeln, lenken Sie die

Kinder fort von der Gefahr und sicher zu Ihnen zurück. Doch unter keinen Umständen dürfen Sie Ihren Kindern Angst einjagen, sondern Sie sollten ein Spiel daraus machen. Füllen Sie zum Beispiel die Badewanne mit Blaubeeren und lassen Sie die Kinder die Beeren zerstampfen wie italienische Weinbauern. Auf diese Weise werden ihre Füße blau und ihr Schritt sicher. Oder erlauben Sie den Kindern, sich wie indianische oder afrikanische Krieger schützende Symbole ins Gesicht zu malen. Geschieht dies alles bei Vollmond, hält die Wirkung bis zum nächsten Vollmond an. Machen Sie sich also keine Sorgen, wenn die Kinder ihr Gesicht nach dem Spiel wieder abwaschen.

Zauber, der das Innere Kind anruft

Zutaten: Makkaroni und Käse, Eis am Stiel, Kekse

Diese Zutaten sind absolut persönlicher Natur. Ich habe sie als Kind heiß geliebt, dennoch würde ich heute nichts davon essen – die Sachen sind zu fett, und ich bin zu erwachsen. Vielleicht sind für Sie Zuckerwatte, Currywurst oder Keksteig das Richtige. Wichtig ist, daß Sie Lebensmittel auswählen, die Sie sich heute niemals erlauben würden, Speisen, die Sie an die unschuldigen, sorglosen Tage Ihrer Kindheit erinnern. Essen Sie sie und meditieren Sie über Ihr Inneres Kind. Versuchen Sie, es herauszulokken, indem Sie lachen und die Köstlichkeiten mit ihm teilen. Achten Sie darauf, was Ihr Inneres Kind möchte: Trost, Heilung, Spaß, Freude, Sicherheit? Als Erwachsene sind Sie nun in der Lage, Ihrem Inneren Kind all diese Dinge zur Verfügung zu stellen. Malen Sie sich aus, wie Ihr kleines Ich vor einem Erwachsenen steht, und geben Sie diesem Kleinen einen Kuß auf die Stirn, während Sie Ihre Meditation beenden.

Zauber für Haustiere

Zutaten: ein Marmeladenglas, Zucker, Tierhaare

Während meiner Sommerferien auf dem Land hatte Luna, die Hündin meiner Vermieterin, Probleme damit, fremde Hunde in ihrem Haus zu dulden. Ich schlug einen Zauberspruch vor, den mir viele Jahre zuvor meine Hohepriesterin Lady Miw gezeigt hatte. Wir halfen damit zwei Katzen zusammenzuleben. Nehmen Sie einfach ein paar Haare von beiden Tieren und legen Sie sie in ein Marmeladenglas. Fügen Sie einige Teelöffel Zucker sowie Wasser hinzu und schütteln Sie das Glas. Chanten Sie „Liebe" und „Seid gut zueinander" und schütteln Sie das Glas mehrmals täglich in Gegenwart der Tiere. Als das Wochenende zu Ende war, verhielt sich Luna erheblich ruhiger und ließ dem anderen Hund ein wenig Raum. Bei Katzen ist es schwieriger. Geben Sie dem Zauber mindestens von Vollmond zu Vollmond (einen Monat) Zeit, bevor Sie aufgeben.

Glück und rechtliche Fragen

Legba-Glück und Analogzauber

Zutaten: Kokosnuß, echter Rum oder Rum-Ersatz, Zimt

Legba ist der Herr der Hindernisse. Ähnlich dem indischen Gott Ganesh und dem griechischen Hermes steht dieser Gott der Yoruba den Menschen hilfreich zur Seite und räumt für sie Hindernisse beiseite, die ihrem Erfolg im Wege stehen. Opfergaben für ihn sollten Sie auf den Boden neben Ihrer Eingangstür legen. Öffnen Sie eine Kokosnuß und geben Sie einen Schuß Rum hinein, streuen Sie ein wenig Zimt darüber und bitten Sie Legba, alle Widrigkeiten auf Ihrem Weg zum Erfolg zu beseitigen. Trinken Sie einen Schluck warme, mit Zimt und Rum verfeinerte Kokosnußmilch, um Pech abzuwenden. Sie können auch drei Schuß dieser Mischung in Ihr Badewasser geben. Legba wird außerdem angerufen, wenn es um die Entlassung aus dem Gefängnis geht.

Zauber, mit dem Sie vor Gericht gewinnen können

Zutaten: Dill, Koriander, Paprikaschote, Quellwasser

Paprika wirkt in hohem Maße schützend und kann, kombiniert mit Dill und Koriander, Richter und Geschworene zu Ihren Gunsten beeinflussen. Schneiden Sie eine Paprika in zwei Hälften und entfernen Sie die Kerne. Nehmen Sie eine grüne Paprika, wenn Sie auf legalem Wege zu Geld kommen wollen, rote für Gerechtigkeit oder Vergeltung, orangefarbene für Erfolg bei Verhandlungen, bei der Unterzeichnung von Verträgen oder um einen rechtlichen Vorgang zu beschleunigen, und gelbe, um Ihre Unschuld zu beweisen. Die sehr seltene lila Paprika kann verwendet werden, um zu Macht zu gelangen und ist empfehlenswert, wenn Sie große Firmen, Regierungsstellen oder Krankenhäuser verklagen wollen. Legen Sie fünf Korianderkörner und vier Prisen Dill in die Schote. Fügen Sie ein Stück Papier hinzu mit den Namen aller Beteiligten an diesem Gerichtsfall, Ihr eigener eingeschlossen. Geben Sie außerdem ein Achteltasse Quellwasser dazu und legen Sie alles zwölf Tage vor Ihrem Gerichtstermin in die Gefriertruhe. Belassen Sie die Mischung dort, bis das Urteil gesprochen ist. Öffnen Sie die Truhe täglich, um das Bild Ihres Sieges „einzufrieren".

Zutaten: Kastanie, Salbei, Tabak, schwarze Wachskerze

Kastanien verstärken Ihre Willenskraft und sorgen dafür, daß andere Ihnen glauben. Bohren Sie vorsichtig ein Loch in eine Kastanie und stopfen Sie eine Prise Salbei und eine Prise losen Tabak hinein, um Ihre Argumente narrensicher zu machen. Versiegeln Sie die Öffnung mit dem Wachs einer schwarzen Kerze. Schwarze Kerzen stehen nicht für das Böse, sondern werden angezündet, um Einfluß zu nehmen, negative Energien zu absorbieren und für bessere Konzentration zu sorgen. Außerdem verwendet man sie, um Informationen zu verschleiern oder Geheimnisse zu verbergen. Tragen Sie diesen Talisman in Ihrer rechten Jackentasche, wenn Sie den Gerichtssaal betreten, so daß er Ihnen Glück bringt, Glaubwürdigkeit verleiht und auf ein gutes Urteil hinwirkt.

Zutaten: Topfschwamm, Tabak, Salbei, Koriander, Dill, Kastanie, weiße oder gelbe Wachskerze

Falls man Sie fälschlicherweise des Mordes beschuldigt, nehmen Sie einen Topfschwamm und dehnen ihn ein wenig, so daß Sie kleine Vertiefungen in die Stahlwolle drücken können. Stopfen Sie diese Vertiefungen mit losem Tabak, Salbei, Koriander, Dill und geriebener Kastanie. Stahlwolle besteht aus Stahlfasern, eine harte Legierung aus Eisen und Kohlenstoff. Diese beiden Stoffe besitzen die magischen Eigenschaften, die Gerechtigkeit anzurufen und alle Informationen aufzudecken, die der Wahrheit im Wege stehen. Die Farbe Weiß symbolisiert Unschuld, während Gelb Hoffnung für die Verzweifelten bringt. Stellen Sie eine weiße oder gelbe Kerze in die Mitte des Topfschwamms und lassen Sie sie herunterbrennen. Achten Sie darauf, daß die Unterlage nicht brennbar ist! Nehmen Sie das Gemisch aus Wachs und Stahlwolle und vergraben Sie es bei Neumond vor Ihrem Gerichtstermin.

Zutaten: Topfschwamm, Tabak, Salbei, Koriander, Dill, Kastanie, Zitronensaft, schwarze Kerze

Falls die Mordanklage gegen Sie berechtigt ist, führen Sie obiges Ritual durch und drücken Sie, nachdem Sie die Vertiefungen in der Stahlwolle aufgefüllt haben, den Zitronensaft darüber aus, um Ihre Schuld aufzulösen. Zur Vervollständigung des Zaubers müssen Sie eine schwarze Kerze abbrennen. (Wollen Sie jedoch um Gnade flehen, nehmen Sie eine blaue Kerze.) Halten Sie dann die Stahlwolle in der Hand, solange das Wachs noch warm ist, und reiben Sie sie fest, bis Ihre Hände bluten. Chanten Sie dabei „Fort, fort mit dem verdammten Fleck“. Lassen Sie gleich darauf einen Geldzauber folgen, damit Sie sich einen guten Anwalt leisten können. Nein, das war nur ein Scherz!

Glückseisbecher

Zutaten: Vanilleeis, Zucker und Zimt, Erdbeersauce, Wassermelone

Fruchtöle werden für gewöhnlich in „Füllhorn-Zaubersprüchen“ verwendet, um das Glück bei Glücksspielen zu fördern. Kirschen, Pflaumen, Zitronen und Orangen sind außerdem beliebte Symbole für Spielautomaten. Diese Sitte stammt aus dem griechischen Mythos über Amalthea, deren Horn zu einem mit Früchten gefüllten Füllhorn wurde.

Tonkabohnen werden in Mexiko als Ersatz für Vanille verwendet und von modernen Hexen als Glücksbringer getragen. Echte Vanille wird für Liebeszauber benutzt, kann jedoch auch eingenommen werden, wenn man die Liebe und die Gunst der Götter für sich gewinnen möchte. Die Eigenschaften von Zimt habe ich in diesem Buch schon mehrfach erwähnt. Es ist für Hexen eines der ergiebigsten Gewürze. Außer für Heilungs-, Glücks-, Liebes- und Geldzauber läßt es sich auch verwenden, um Ihre seherischen Fähigkeiten zu verbessern, und ist eine ausgezeichnete Zutat, wenn Sie Ihre Lottozahlen vorhersagen wollen.

Dieses Rezept ist leicht abgewandelt und basiert auf einem alten Lieblingszauber aus New Orleans, genannt *Glückspilz*. Die Mischung wird traditionell mit essentiellen Ölen aus Vanille, Wassermelone, Erdbeere und Zimt angesetzt und dann vor dem Spiel in die Hände eingerieben. Nehmen Sie eine Kugel Vanilleeis, Scheiben einer Wassermelone (ohne Kerne) und eine Messerspitze Zucker mit Zimt. Essen Sie die Mischung vor dem Glücksspiel oder bevor Sie den Lottoschein ausfüllen, um Ihr Glück zu versuchen.

Glückszauber

Zutaten: Wattebausch, Zucker, Zuckerwatte, Lorbeerblätter, Zimtstange

In den Legenden des Südens heißt es, das Glück tritt ins Haus, wenn man einen Wattebausch in einer Schüssel Zucker aufbewahrt. Zuckerwatte symbolisiert den magischen Prozeß des „Spinnens von Zucker zu Watte". In vielen alten Kulturen glaubte man, daß es Glück brachte, eine süße und klebrige Substanz zu essen, weil dann die süßen Dinge am Menschen klebenblieben. Der Genuß von Zuckerwatte bringt Ihnen also Glück. Dazu sollten Sie ein Stück Watte abrupfen, während Sie an Ihren Wunsch denken. Sie müssen den Wunsch mit Ihren Gedanken festhalten, bis sich die Zuckerwatte völlig in Ihrem Mund aufgelöst hat. Dann soll der Wunsch wahr werden.
Falls Sie sich um Ihre Zähne sorgen, empfehle ich einen anderen Zauber. Versuchen Sie es mit zwei Lorbeerblättern und einer Zimtstange in Ihrer Tasche. Die Verbindung von Lorbeer und Zimt soll das Glück zu Ihren Gunsten wenden. Lorbeer wehrt das Böse oder das Pech ab, Zimt wird seit dem alten Ägypten als Opfer dargebracht, um die Gunst der Götter zu gewinnen. Um aus einem schlechten schnell einen guten Tag zu machen, halten Sie ein Lorbeerblatt in einer Hand und streuen Zimtpulver in die andere. Reiben Sie kräftig die Hände und zerdrücken Sie dabei das Lorbeerblatt. Wenn Sie merken, wie zwischen Ihren Handflächen Hitze aufwallt, öffnen Sie die Hände und lassen Sie herunterhängen. Klopfen Sie mit den Handflächen siebenmal schnell auf die Vordertaschen Ihrer Hose. Falls Ihre Kleidung keine Taschen hat oder Sie Angst haben, den Stoff zu ruinieren, können Sie auch die Schuhe ausziehen und siebenmal

gegen jeden Fuß schlagen. So werden Sie zum Glück hingeführt. Wenn es an Ihrem Arbeitsplatz schlecht läuft, können Sie ein Stück Alufolie in die Mitte des Raumes legen und drei Lorbeerblätter darauf zerkrümeln. Fügen Sie eine Handvoll Zimt und sieben Pfennige hinzu. Formen Sie aus der Folie eine Kugel und schütteln Sie alles gut durch. Stechen Sie Löcher in die Folienkugel und besprenkeln Sie alles, einschließlich der Kasse, mit dem Pulver.

Arbeit

Magischer Bann aus Java

Zutaten: schwarzer Kaffee

Die stimulierende Wirkung von Kaffee erlebten zum ersten Mal grasende Ziegen in Äthiopien in der Zeit um 1200 v. Chr. Die Ziege ist das Symbol für den Steinbock, der wiederum für harte Arbeit steht. Es ist Tradition, eine Tasse Kaffee zu trinken, bevor man sich ans Tagewerk macht. Kaffee kann neben dem Genuß auf verschiedene Weise genutzt werden. Baden Sie in Kaffee (drei Tassen Espresso auf eine halbe Wanne Wasser), um sich auf die vor Ihnen liegenden Arbeitsstunden vorzubereiten. Sie empfangen dadurch Energie im Überfluß ohne die Nebeneffekte, die sich einstellen, wenn Sie zuviel Kaffee trinken. Wenn Sie in einem Zimmer Kaffee zubereiten, können Sie andere dadurch anregen, sich am Riemen zu reißen und sich besser zu konzentrieren. Schon der Duft ruft diese Wirkung hervor, Sie brauchen den Kaffee nicht einmal zu trinken. Ein Pulver aus gemahlenem Kaffee und zerstoßenem Zimt kann im Zimmer verteilt, in der Tasche getragen oder über die Hände gestäubt werden, um schnelle und gute Ergebnisse zu erzielen. Wenn Sie eine Prise Muskat hinzufügen, bringt diese Mischung auch noch Glück auf der Rennbahn. Kaffee kann außerdem dazu dienen, die Zukunft vorherzusagen, vorausgesetzt, er wird auf türkische Art zubereitet. Bringen Sie Wasser zum Kochen und geben Sie pro Tasse einen gehäuften Teelöffel Kaffee und Zucker hinein und kochen Sie alles noch einmal auf. Nehmen Sie den Kaffee von der Herdplatte, sobald er aufsteigt. Nach dem Trinken lassen Sie den Kaffeesatz in der Tasse kreisen und stürzen den Inhalt der Tasse auf einen Teller. Das entstandene Bild kann für die Zukunftsvorhersage ausgewertet werden.

Haushaltszauber

Zutaten: brauner Schwamm, Kanne Kaffee, Kaffeefilter

Nehmen Sie einen Kaffeefilter und schreiben Sie alle Haushaltspflichten auf, die erledigt werden müssen. Legen Sie jetzt den Filter in die Kaffeemaschine und kochen Sie eine Kanne Kaffee. Lassen Sie den Kaffee abkühlen und gießen Sie ihn ins Badewasser Ihres Mannes oder Ihres Freundes (oder Ihrer Frau oder Freundin). Lassen Sie ihn oder sie in die Wanne steigen. Ihr Partner soll sich so gut es geht entspannen, damit Sie sein Unterbewußtsein öffnen können. Reiben Sie ihn mit dem Schwamm ab und denken Sie immer daran, daß ein Schwamm etwas absorbiert. Sie wollen ja, daß Ihr Geliebter einige Informationen aufnimmt. Braun ist die Farbe für harte Arbeit und wird in Kerzenzaubern verwendet, um andere dazu zu bewegen, bestimmte Aufgaben zu erfüllen. Während Sie das Kaffeewasser aus dem Schwamm über seine Schultern und den Rücken laufen lassen, erwähnen Sie ganz nebenbei, was alles im Haus erledigt werden muß. Dieses Bad dürfte ihm die Vitalität und die Motivation verleihen, die Dinge in Angriff zu nehmen.

Zauber für eine neue Arbeitsstelle

Zutaten: Spinat, grüner Salat, Petersilie, Getreide

Spinat und Salat sind grün und ziehen somit das Geld an. Grüner Salat wird vom Mond, Spinat von Jupiter regiert, dem Planet der Expansionen und des Erfolgs. Spinat kann Sie zuversichtlicher machen und Ihnen helfen, eine neue Stelle zu finden, die Sie auf der Karriereleiter eine Sprosse weiter nach oben bringt. Grüner Salat kann Ihre intuitiven Fähigkeiten verbessern und Ihnen verborgene Gelegenheiten offenbaren. Petersilie wird von Merkur regiert und kann helfen, Verbindungen für alle zu öffnen, die in Netzwerken Kontakte knüpfen müssen. Wenn Sie Getreide essen, ziehen Sie damit Geld an und verströmen bei all Ihren Vorstellungsgesprächen die Aura eines erfolgreichen Menschen.

Wenn Sie an einer ganz speziellen Stelle interessiert sind, sollten Sie sich einen Tee aus Petersilie kochen und ihn vor dem Vorstellungsgespräch trinken. Fügen Sie drei Tropfen Zitronensaft hinzu, damit andere von Ihren Worten gefesselt werden. Geben Sie außerdem drei Tropfen einer sehr süßen Orange in den Tee, dann faszinieren Sie Ihr Gegenüber auch noch mit Ihrem Charme.

Zauber für eine Gehaltserhöhung

Zutaten: Hafergrütze, Zimt, Walnüsse, Prise Salz

Wußten Sie, daß das englische Wort für Gehalt, salary, von *salarium* abstammt, auch „Salzgeld“, dem römischen Wort für Salzrationen? Walnüsse waren im alten Persien so selten, daß man sie als Währung verwendete, und Zimt war ein Lieblingsgewürz der Götter des alten Ägypten und Griechenland und wurde als Opfer dargebracht, damit sie den Bitten der Sterblichen entsprachen. In alten germanischen Stämmen war Hafer das wichtigste Getreide, und man glaubte, in dem Korn sei ein göttlicher Geist manifestiert, um die Menschen zu ernähren. Hafergrütze am Morgen zieht Geld und Wohlstand an. Bereiten Sie eine Schüssel Hafergrütze mit Walnüssen zu und streuen Sie Zimt in Form eines Dollarzeichens darüber. Fügen Sie eine Prise Salz dazu. Der beste Zeitpunkt ist während Neumond genau an dem Morgen, an dem Sie Ihren Chef um eine Gehaltserhöhung bitten wollen.

Konzentrationszauber

Zuaten: Pumpernikkel oder Schwarzbrot, Zimtpulver, Frischkäse, Rosinen

Schwarz ist die Farbe der tiefen Gedanken und der Konzentration. Pumpernickel oder Roggen sind Merkur und Pluto geweiht, und gemeinsam regieren sie tiefgründige Gedanken oder Kontemplation. Käse wird von Saturn regiert, dem ernstesten und konzentriertesten Planeten. Saturn gestattet uns, daß wir uns auf langfristige Projekte konzentrieren und lehrt uns Verantwortungsbewußtsein. Bestreichen Sie die Brotscheibe gleichmäßig und vollständig mit Frischkäse, und stellen Sie sich dabei vor, wie Konzentration und Aufmerksamkeit ebenfalls gleichmäßig verteilt werden und Ihnen so lange erhalten bleiben, bis das Projekt fertiggestellt ist. Legen Sie die Rosinen in Form eines Kreises, einer Spirale oder eines fünfstrahligen Sterns auf das Brot. Rosinen werden sowohl vom Mond als auch von der Sonne regiert und stärken daher nicht nur das Unterbewußte (kreative und intuitive Fähigkeiten), sondern auch das Bewußte (logische und organisatorische Fähigkeiten). Eine Prise Zimt sorgt dafür, daß Ihre Konzentration nicht nachläßt. Essen Sie das Brot vor oder nach harter Arbeit oder intensiven Studien.

Faulheitszauber

Zutaten: Artischokke, Spargel, Chili, Senf, alle würzigen Lebensmittel

Diese Nahrungsmittel werden von Mars, dem Planet des Handelns, und Widder, dem Tierkreiszeichen der Initiation, regiert. Nehmen Sie diese Lebensmittel in Ihren Speiseplan auf, wenn Sie Probleme damit haben, Projekte in die Tat umzusetzen. Es gibt einen besonders wirkungsvollen Zauber, den Sie beim Genuß einer Artischocke anwenden können. Schälen Sie die äußere Schale ab und stellen Sie sich dabei vor, wie Sie die Hindernisse aus dem Weg schaffen, die Ihre Trägheit verursachen. Malen Sie sich aus, wie Sie immer tiefer in Ihre Aufgabe eintauchen, je näher Sie dem Herzen der Artischocke kommen. Im Notfall können Sie auch einen Klecks scharfen Senf unter die Zunge legen, wenn Sie dringend Ermunterung brauchen. Das stimuliert garantiert Körper und Geist!

Zauber für Arbeitssüchtige

Meiden Sie bittere, gefrorene und eingelegte oder konservierte Nahrungsmittel. Sie alle werden vom Steinbock regiert, dem Zeichen für harte Arbeit. Gedämpfte Speisen sind dagegen empfehlenswert, da sie vom Mond regiert werden und mehr Ruhe in Ihr Leben bringen können. Eis ist ebenso wie Meeresfrüchte ein gutes Gegenmittel für alle, die zu hart arbeiten. Doch meiden Sie Hummer, weil er viel zuviel Arbeit macht, wenn er noch in der Schale steckt!

Zauber für Trauernde

Zutaten: weiße oder Jahrzeit-Kerze, Aubergine, Zucchini, hartgekochtes Ei, „Gefilte Fisch"

Jahrzeit-Kerzen (auch Totenlichter genannt) sind spezielle Kerzen im Glas, mit denen wir der Toten gedenken. Sie sind normalerweise in Supermärkten erhältlich. Falls Sie keine bekommen können, ersetzen Sie sie durch eine weiße Wachs- oder durch eine Sabbatkerze. Das Abbrennen von weißen Kerzen hat zwei Auswirkungen: Sie werfen Licht auf die Seelen der Verstorbenen, damit diese ihren spirituellen Weg finden können, und sie spenden den Lebenden Trost, Frieden und Heilung.
Auberginen sind der Göttin der Friedhöfe geweiht. Wenn Sie sie essen, machen Sie Ihren Frieden mit Endlichkeit und Tod, während der Verzehr von Zucchini Sie mit dem Prinzip der Wiedergeburt in Berührung bringt. Zucchini werden vom Mond regiert und ebenfalls als Speise des Trostes angesehen.
In der jüdischen Religion ist es üblich, daß Trauernde nach der Rückkehr vom Friedhof ein hartgekochtes Ei essen. Das Ei ist das Symbol für die Wiedergeburt. Nach jiddischen Volkslegenden sollten Sie „Gefilte Fisch" essen, wenn Sie vom Tod einer Person gehört haben. Es heißt, der Fisch schützt Sie vor dem Tod und gibt Ihnen ein langes Leben und Glück.
In Mexiko und anderen Ländern Mittel- und Südamerikas, in denen traditionelle Überzeugungen gepflegt werden, legt man

die Lieblingsspeisen des Verstorbenen vor eine brennende Kerze. Es heißt, der Tote wird seine Freunde und Familie dann häufig besuchen, um sie zu trösten oder um selbst Trost zu suchen. Stellen Sie sich vor, Sie wären in einem völlig fremden Land gestrandet und würden plötzlich über Ihre Lieblingsspeisen stolpern. Die Lebensmittel helfen allen Dahingeschiedenen, Sie zu finden und beruhigen außerdem die Seele des Toten.
Ich hatte ein recht magisches Erlebnis, als mein Großvater starb. Da ich am Begräbnis nicht teilnehmen konnte, wollte ich eine Art Ritual erschaffen, um mich von ihm verabschieden zu können. Ich zündete eine Kerze an und stellte ein Foto von ihm daneben. Irgend etwas sagte mir, daß ich auch ein paar Speisen dazustellen sollte. In diesem Augenblick klopfte eine Nachbarin an meine Tür, die ein ganz besonderes Dessert gemacht hatte und es mit mir teilen wollte. Es war ein altes russisches Rezept mit Erdbeeren und Sahne. Als sie mir die Schüssel gab, fiel mir ein, daß dies eine der Lieblingsspeisen meines Großvaters gewesen war. Er hatte diese Speise für mich zubereitet, als ich noch klein war, und als Teenager hatte ich ein Gedicht darüber geschrieben. Er hatte es stolz eingerahmt und in seinem Zimmer aufgehängt. Ich dankte meiner Nachbarin und nahm die Schüssel an. Die Hälfte der Erdbeeren legte ich auf einen Teller und stellte diesen auf den Altar. Ich meditierte still, und während ich meine Portion aß, spürte ich die liebevolle Gegenwart meines Großvaters.

Zauber für Hellseherinnen

Zutaten: Glühbirnen, Jasmintee, blaues Geschirrtuch

Kochen Sie sich eine Tasse Jasmintee und reiben Sie vorsichtig die obere Wölbung einer Glühbirne damit ein. Benutzen Sie dazu Ihren kleinen Finger und zeichnen Sie auf der Birne die Umrisse eines Auges nach. Lassen Sie den Tee trocknen und schrauben Sie die Birne dann in eine Fassung. Bedecken Sie die Lampe mit einem blauen Geschirrtuch. Blau repräsentiert das Meer und seine Geheimnisse. Die Farben des Elements Wasser (blau, türkis, meergrün) werden verwendet, um seherische Schwingungen zu verstärken. Schalten Sie dieses Licht nur ein, wenn Sie Ihren spirituellen Tätigkeiten nachgehen. Das einzige Licht, das noch wirkungsvoller seherische Schwingungen hervorrufen kann, ist das Licht des Vollmondes. Außerdem sollten Sie Jasmintee trinken, bevor Sie sich zum Schlafen zurückziehen, dann können Sie seherische Träume begünstigen.

Zauber für seherische Träume

Zutaten: Bagel mit Mohn

Mohn ruft den Schlaf herbei oder bringt Sie in eine Trance, und er bewirkt, daß Ihnen im Traumzustand Informationen offenbart werden. Bagels mit ihrer runden Form und dem Loch in der Mitte symbolisieren den Mond oder die weibliche Intuition. Legen Sie nachts einen Mohnbagel unter Ihr Kopfkissen und beißen Sie morgens sofort hinein, damit Sie sich an Ihren Traum erinnern.

Zauber für einen Blick in die Vergangenheit oder Zukunft

Zutaten: Safran, Pfefferminz

Safran war stets eines der teuersten Gewürze und wurde einst mit Gold aufgewogen. Bereiten Sie sich einen Safrantee zu und trinken Sie ihn ganz langsam aus. Entzünden Sie eine Kerze und blicken Sie in eine Schüssel Wasser, als wäre sie eine Kristallkugel. Diese Kunst nennt sich Kristallsehen. Sie müssen so lange sitzenbleiben, bis Ihre Augen zu tränen beginnen. Nach einer Weile wird Ihr Blick wieder klar; dies ist die Zeit der Visionen, in der Ihre Zukunft enthüllt wird.
Um in die Vergangenheit zu blicken, trinken Sie eine Tasse Pfefferminztee und wiederholen das obige Vorgehen.

Zauber zum Erntedank und für die Dankbarkeit

Hexen bringen zum Erntedank Trankopfer dar. Bevor Sie etwas essen oder trinken, teilen Sie einfach eine Portion für die Götter ab. Dazu brauchen Sie eine Schüssel bzw. einen Teller in der Mitte des Tisches. Es ist üblich, die Schüssel unter einem Baum zu entleeren, sobald das Essen vorbei ist. Auf diese Weise wird die Nahrung Mutter Erde zurückgegeben. Um einer speziellen Gottheit zu danken, wählen Sie ganz einfach Speisen, die dieser Gottheit geweiht sind und stellen Sie vor die Tür. Wenn Ihr Leben zum Beispiel mit Liebe gesegnet ist, nehmen Sie als Opfer ein Lebensmittel, das Venus geweiht ist, vielleicht einen Apfel.

Bibliographie

Boyce, Charles, *Shakespeare A to Z,* New York, Roundtable Press, 1990

Chia, Mantak and Maneewan Chia, *Tao Yoga der heilenden Massage,* Ansata, 1993

Culpeper, Nicholas, *Culpeper's Complete Herbal & English Physician,* Illinois, Meyerbooks, 1990

Cumberlege, Geoffrey (Verleger), *The Oxford Dictionary of Quotations,* Zweite Auflage, New York, Oxford University Press, 1955

Cunningham, Scott, *Encyclopedia of Magical Herbs,* St. Paul, MN, Llewellyn Publications, 1992

Cunnigham, Scott, *Magie in der Küche,* Smaragd (Marabuch), 1993

Daley, Mary Dowling, *Irish Laws,* Belfast, Appletree Press Ltd., 1989

Feliks, Dr. Jehuda, *The Animal World of the Bible,* Israel, Sinai Pub, 1962

Fielding, William J., *Strange Customs of Courtship and Marriage,* New York, Permabooks, 1949

Fierz-David, Linda, *Women's Dionysian Initiation: The Villa of Mysteries in Pompeii,* Dallas, Texas, Spring Publications, Inc., 1988

Guirand, Felix (Hrg.), *New Larousse Encyclopedia of Mythology,* Hong Kong, The Hamlyn Publishing Group Ltd., 1972

Gurudas, *The Spiritual Properties of Herbs,* San Rafael, CA, Cassandra Press, 1988

Hand, Wayland D., Anna Cassetta, and Sondro B. Theiderman (Hrg.), *Popular Beliefs and Superstitions: A Compendium of American Folklore,* Boston, G. K. Hall, 1981

Leach, Maria (Hrg.), *Funk & Wagnalls Standard Dictionary of Folklore, Mythologie, and Legend,* San Francisco, Harper & Row, 1984

McGee, Harold, *On Food and Cooking: The Science and Lore of the Kitchen,* New York, Collier, 1988
Mickaharic, Draja, *Magia,* Smaragd, 1993
Mindell, Earl, *Die Vitamin-Bibel,* Heyne, 1992
Panati, Charles, *Universalgeschichte der ganz gewöhnlichen Dinge,* Eichborn, 1994
Patai, Raphael, *The Hebrew Goddess,* Israel, Ktav Publishing House, 1967
Rätsch, Dr. Christian, *Lexikon der Zauberpflanzen aus ethnologischer Sicht,* Adeva, 1988
Reik, Theodor, *Pagan Rites in Judaism,* New York, The Noonday Press, 1964
Rose, Donna, *The Magic of Herbs,* Hialeah, FL, Mi-World Pub. Co., 1978
Rosse, Jeanne, *Herbs & Things,* New York, Putnam Publishing Group, 1972
Slater, Herman (Hrg.), *The Magickal Formulary,* New York, Magickal Childe, Inc., 1981
Valiente, Doreen, *The Rebirth of Witchcraft,* London, Robert Hale Limited, 1989
Walker, Barbara, *Das geheime Wissen der Frauen,* dtv, 1995
Walker, Barbara, *Die geheimen Symbole der Frauen,* Hugendubel, 1997
Ward, Bernard, *Healing Foods from the Bible,* New York, Globe Communications Corp., 1994
Wedeck, Harry and Baskin, Wade, *Dictionary of Pagan Religions,* New Jersey, The Citadel Press, 1973